Español Lengua Extranjera

Curso para adolescentes

¿Español?
¡Por supuesto!

1
A1

María Ángeles Palomino

edelsa
GRUPO DIDASCALIA, S.A.

Índice

Unidad PÁG. 4 **0** Saludas, te presentas y te despides; El alfabeto; Los números del 0 al 10; El acento en español

1 ¿Cómo te llamas?

Objetivos PÁG. 8
- Decir tu nombre y tu apellido
- Decir cuántos años tienes
- Decir dónde vives

LÉXICO PÁG. 10
- Los días de la semana
- Los números del 1 al 31

COMUNICACIÓN PÁG. 12
- Identificas personas
- Preguntas y das información personal: nombre, edad, ciudad

GRAMÁTICA PÁG. 16
- Los pronombres personales: *yo*, *tú*, *él/ella*, *nosotros/as*, *vosotros/as*, *ellos/as*
- El verbo *ser*
- Los verbos *llamarse*, *tener* y *vivir*
- Los interrogativos: *cuál*, *cuáles*, *cómo*, *cuándo*, *dónde*

Vivir en sociedad PÁG. 18
Utilizas *tú* y *usted*

ÁREA de Lengua PÁG. 19
Frases afirmativas, interrogativas y exclamativas

MAGACÍN PÁG. 20
- Descubres España
- Proyecto cultural

2 ¿De dónde eres?

Objetivos PÁG. 22
- Decir tu nacionalidad
- Decir tu mes preferido
- Decir tu fecha de cumpleaños

LÉXICO PÁG. 24
- Los países y los continentes
- Los meses del año

COMUNICACIÓN PÁG. 26
- Dices qué día es hoy
- Hablas de las fechas de cumpleaños
- Dices las nacionalidades

GRAMÁTICA PÁG. 30
- La nacionalidad: género y número
- El artículo determinado e indeterminado: *el*, *la*, *los*, *las*; *un*, *una*, *unos*, *unas*
- El nombre: masculino y femenino

Vivir en sociedad PÁG. 32
Un cumpleaños español

ÁREA de Geografía PÁG. 33
Países de Hispanoamérica

MAGACÍN PÁG. 34
- Fiestas de España
- Proyecto cultural

3 ¿Qué estudias?

Objetivos PÁG. 36
- Decir qué objetos hay en clase
- Explicar qué asignaturas estudias
- Describir qué haces en clase

LÉXICO PÁG. 38
- El material escolar
- Las asignaturas

COMUNICACIÓN PÁG. 40
- Hablas de tus actividades en clase
- Dices dónde están las personas y los objetos
- Preguntas y dices la hora

GRAMÁTICA PÁG. 44
- El presente. Verbos regulares
- Los verbos *ver*, *hacer* y *estar*
- La frase negativa
- Expresiones de lugar: *en*, *al lado de*, *entre*...
- El nombre: singular y plural

Vivir en sociedad PÁG. 46
La convivencia en el aula

ÁREA de Tecnología PÁG. 47
El ordenador e Internet

MAGACÍN PÁG. 48
- Un instituto español
- Proyecto cultural

4 ¿Cómo es tu familia?

Objetivos PÁG. 50
- Presentar a tu familia
- Decir qué haces cada día
- Hablar de tus gustos y aficiones

LÉXICO PÁG. 52
- Los miembros de la familia
- Las actividades cotidianas

COMUNICACIÓN PÁG. 54
- Presentas a tu familia
- Hablas de tus actividades cotidianas
- Explicas tus gustos y aficiones

GRAMÁTICA PÁG. 58
- Los posesivos: *mi/s*, *tu/s*, *su/s*, *nuestro/a/s*, *vuestro/a/s*, *su/s*
- Los verbos irregulares *levantarse*, *acostarse*, *vestirse*, *volver*...
- El verbo *ir*
- El verbo *gustar*

Vivir en sociedad PÁG. 60
Las tareas domésticas

AREA de Ciencias de la Naturaleza PÁG. 61
Los animales tienen derechos

MAGACÍN PÁG. 62
- Nombres y apellidos españoles e hispanos
- Proyecto cultural

5 ¿Cuál es tu color favorito?

Objetivos PÁG. 64
- Hablar de tu color favorito
- Decir cómo son las personas
- Hablar del pasado

LÉXICO PÁG. 66
- Los colores
- Las partes del cuerpo
- Los números hasta 100

COMUNICACIÓN PÁG. 68
- Describes personas
- Dices de qué color es un objeto
- Cuentas actividades pasadas

GRAMÁTICA PÁG. 72
- El adjetivo: masculino y femenino
- Los colores: género y número
- El pretérito perfecto simple

Vivir en sociedad PÁG. 74
El móvil: uso responsable

AREA de Ciencias Sociales PÁG. 75
Los husos horarios

MAGACÍN PÁG. 76
- Datos curiosos sobre España e Hispanoamérica
- Proyecto cultural

6 ¿Cómo es tu casa?

Objetivos PÁG. 78
- Decir cómo es tu piso
- Describir tu dormitorio
- Hablar de planes futuros

LÉXICO PÁG. 80
- Las partes de un piso
- Los muebles de un dormitorio

COMUNICACIÓN PÁG. 82
- Describes tu piso
- Explicas qué hay en tu dormitorio
- Hablas de tus planes futuros

GRAMÁTICA PÁG. 86
- *Hay*/*Está(n)*
- *Ir a* + infinitivo
- Los demostrativos: *este/a*, *ese/a*, *aquel/aquella*...
- Los adverbios de lugar: *aquí*, *ahí*, *allí*

Vivir en sociedad PÁG. 88
La paga semanal

AREA de Educación Plástica y Visual PÁG. 89
Materiales y objetos

MAGACÍN PÁG. 90
- Destino de vacaciones
- Proyecto cultural

Resumen de gramática PÁG. 92

Esto es español

Saludas, te presentas y te despides

 CE. 1 (p. 4)

 1 Escucha y marca la foto correcta.

tuaulavirtual
PISTA 1

1

2

3

2 Lee la información, observa las fotos y marca qué hacen en cada situación.

Saludar
- ¡Hola! Buenos días, buenas tardes/noches
- ¡Hola! ¿Qué tal?

Presentarse
- Soy...

Despedirse
- ¡Adiós!
- ¡Hasta luego!

1

a ✓ se despiden
b ☐ se presentan

2

a ✓ se saludan
b ☐ se presentan

¡Buenos días!

¡Buenas tardes!

¡Buenas noches!

3

a ☐ se despiden
b ✓ se presentan

3 Habla con tres compañeros de clase: saludas, te presentas y te despides.

¡Hola! Soy
Sara. ¿Y tú?

(Saludas) hoiu.... Yo soy
arjun
Yo soy...

Aprendes el alfabeto  CE. 2 (p. 4)

LAS LETRAS

4 Escucha y completa el alfabeto con estas letras.

tuaulavirtual
PISTA 2

la *ge*

la *u*

la *be*

Las vocales:
a i u
e o

la *pe*

la *equis*

la *eñe*

la *erre*

la *efe*

A a	b	C c	D d	E e	f
la *a*	la be	la *ce*	la *de*	la *e*	la efe

g	H h	I i	J j	K k	L l
la ge	la *hache*	la *i*	la *jota*	la *ka*	la *ele*

M m	N n	ñ	O o	p	Q q
la *eme*	la *ene*	la eñe	la *o*	la pags	la *cu*

r	S s	T t	u	V v
la r	la *ese*	la *te*	la tu	la *uve*

W w	X	Y y	Z z
la *uve doble*	la x	la *i griega* o *ye*	la *zeta*

c+h se pronuncia che
l+l se pronuncia elle

Deletreas tu correo electrónico

 5 María y Raquel hablan por Skype. Escucha y lee.

tuaulavirtual
PISTA **3**

María ¿Tienes correo electrónico?

Raquel Sí, claro. Es raqmuñozgil@gmail.es

María raq... ¡Uf! ¿Cómo se escribe?

Raquel Erre, a, cu, eme, u, eñe, o, zeta, ge, i, ele, arroba, gmail, punto, e, ese.

María ¡Genial! Gracias. ☺

[Ahora tú]

6 Pregunta a dos compañeros su correo electrónico y completa tu agenda del móvil.

¿Tienes...?

LOS NÚMEROS

Cuentas del 0 (cero) al 10 (diez) CE. 3 (p. 5)

 **7** Escucha y escribe los números que faltan.

tuaulavirtual
PISTA **4**

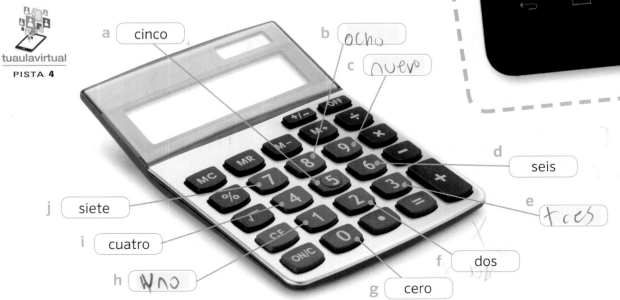

a cinco
b ocho
c nuevo
d seis
e tres
f dos
g cero
h uno
i cuatro
j siete

Así suena el español  CE. 4, 5 (p. 5)

8 Lee la regla y completa con estas palabras en el lugar adecuado.

Regla

Las palabras españolas tienen una sílaba fuerte.

- La sílaba fuerte es la última cuando las palabras terminan en consonante, excepto *n* o *s*.

  Raquel, _____, _____

- La sílaba fuerte es la penúltima sílaba cuando las palabras terminan en vocal, *n* o *s*.

  Carmen, _____, _____

Los otros casos llevan tilde (´).

Malú, _____, _____

Ángel, _____, _____

- Cuando la sílaba fuerte es la antepenúltima sílaba, siempre lleva tilde.

  Verónica, _____, _____

> El signo (´) sobre las vocales á, é, í, ó, ú se llama **tilde**.

perro

ordenador

lápiz

silla

balón

cámara

música

móvil

rotulador

cojín

9 Ahora, escucha y comprueba tus respuestas.

tuaulavirtual
PISTA **5**

Los amigos de María

10 <u>Subraya</u> la sílaba fuerte de los nombres de los amigos de María.

1 Al-<u>ber</u>-to   5 Ni-co-lás   9 Mó-ni-ca
2 Be-lén   6 Bár-ba-ra   10 Car-men
3 Da-vid   7 Car-los
4 Ma-ri-bel   8 En-ri-que

--- [**Ahora tú**] ---

11 Lee los nombres anteriores. Levanta el brazo cuando dices la sílaba fuerte.

1 ¿Cómo te llamas?

Objetivos

1 Decir tu nombre y tu apellido

2 Decir cuántos años tienes

3 Decir dónde vives

▶ LÉXICO

✓ Los días de la semana
✓ Los números del 1 al 31

▶ COMUNICACIÓN

✓ Identificas personas
✓ Preguntas y das información personal: nombre, edad, ciudad

▶ GRAMÁTICA

● Los pronombres personales: *yo*, *tú*, *él/ella*, *nosotros/as*, *vosotros/as*, *ellos/as*
● El verbo *ser*
● Los verbos *llamarse*, *tener* y *vivir*
● Los interrogativos: *cuál*, *cuáles*, *cómo*, *cuándo*, *dónde*

Vivir en sociedad

❖ **Utilizas *tú* y *usted***

ÁREA de Lengua

❖ **Frases afirmativas, interrogativas y exclamativas**

MAGACÍN

❖ **Descubres España**
❖ **Proyecto cultural**

Para empezar...
¡Prepárate!

MI NOMBRE

tuaulavirtual
PISTA 6

1 Escucha y escribe el nombre de cada chico.

¡Hola! Me llamo _Elebert_

¡Hola! Me llamo _adila_

MI CUMPLEAÑOS

2 Completa el bocadillo con el número correcto en letras.

- diez (10)
- once (11)
- doce (12)

¡Hoy tengo _doce_ años!

MI PAÍS

Vivo en España.

3 ¿Cuál es la bandera de España?

1
(uno)

2
(dos)

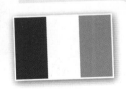

3
(tres)

La bandera de España es la número _dos_

El BLoG De AdelA

El nombre

Los apellidos

Hola.

Me llamo *Adela Duque Martín*.   La ciudad

Vivo en *Salamanca*.

Mi día favorito de la semana es el *domingo*.

Y tú, ¿cuál es tu día favorito?

Los números

El día de la semana

JULIO
L M X
5 6 7
12 13 14
19 20 21
26 27 28

COMENTARIOS

Mi día favorito de la semana es...

Los amigos

Boby — el jueves

Lili — el martes

Katty — el sábado

El blog de Adela

1 **Lee el blog y completa las frases.**

1 El nombre de la chica es _adela_ .
2 Los apellidos son _Duque martín_.
3 El nombre de la ciudad es _Salmanca_ .

Los días de la semana CE. 1 (p. 6)

Los días de la semana

lvnes
martes
miércoles
jueves
viernes
sábado
domingo

2 **Escucha y completa los nombres de los días de la semana.**

tuaulavirtual
PISTA 7

3 **Lee el blog y di si es verdadero (V) o falso (F).**

1 El día favorito de Lili es el lunes. ☐
2 El día favorito de Katty es el miércoles. ☐
3 El día favorito de Adela es el domingo. ☐
4 El día favorito de Boby es el jueves. ☐

Los números del 1 al 20 CE. 3 (p. 6)

Los números del 1 al 20

1 uno	11 once
2 dos	12 doce
3 tres	13 trece
4 cuatro	14 catorce
5 cinco	15 quince
6 seis	16 dieciséis
7 siete	17 diecisiete
8 ocho	18 dieciocho
9 nueve	19 diecinueve
10 diez	20 veinte

4 **Observa y completa los números. Luego, escucha y comprueba.**

tuaulavirtual
PISTA 8

5 **Termina las series.**

- Uno, tres, cinco...
- Dos, cuatro, seis...

Los números del 21 al 31 CE. 2 (p. 6)

Los números del 21 al 31

21 veintiuno
22 veintidós
23 veintitrés
24 veinticuatro
25 veinticinco
26 veintiseis
27 veintisiete
28 veinteocho
29 veintenueve
30 treinta
31 treinta y uno

6 **Observa y completa los números. Comprueba con tu compañero.**

7 **Di estos números.**

27 30 23 29 21 25

(A1) DELE ·········· [Ahora tú]

8 **Contesta a la pregunta de Adela.**

¿Cuál es tu día favorito de la semana?

Mi día favorito de la semana es el...

El equipo de baloncesto

Hoy es jueves, el equipo tiene entrenamiento

Marcos

Me llamo Elena. Tengo doce años y vivo en Madrid.

1 3 15 9 13

Lucas Elena María Carmen

Entrenadora	¡Hola, chicos, buenas tardes! Soy la entrenadora, me llamo Carmen Medina Toledo. Y tú, ¿cómo te llamas?
María	Me llamo María.
Entrenadora	¿Tus apellidos?
María	Moreno Casas.
Entrenadora	Y vosotros, ¿quiénes sois?
Lucas	Yo soy Lucas Rubio Palacios y él es Marcos López Ruiz.
Entrenadora	Y tú eres...

Presentaciones  CE. 4 (p. 7)

 1 Escucha y lee cómo se presentan.

 2 Ahora, completa la información de los chicos.

tuaulavirtual
PISTA **9**

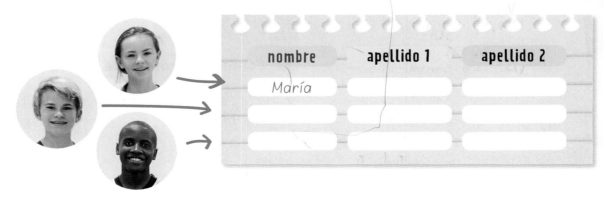

nombre	apellido 1	apellido 2
María		

Los pronombres personales y el verbo *ser*  CE. 5 (p. 7)

3 Lee el diálogo y relaciona cada
pronombre con la forma adecuada
del verbo *ser*.

1	yo		a	somos
2	tú		b	es
3	él, ella		c	son
4	nosotros/as		d	eres
5	vosotros/as		e	sois
6	ellos, ellas		f	soy

4 Completa con el verbo *ser*.

1 Hola, ¿quién 🅳 (tú)?
2 ¿Quién 🅳 (él)?
3 ¿Quiénes 🅲 (ellos)?

• (Yo) 🅵 Elena.
• (Él) 🅱 el entrenador.
• (Ellos) Lucas y Víctor 🅲 dos chicos del equipo de fútbol.

Para preguntar por personas, usas: ¿Quién? ¿Quiénes?

5 Escribe preguntas como en el modelo.

1 ¿Quién es ella?

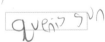

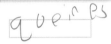

Los verbos *llamarse, tener* y *vivir*  CE. 6 (p. 8)

6 Escribe en tu cuaderno presentaciones como en el modelo.
Observa los verbos.

1 *Nos llamamos Pedro y Lola. Tenemos 13 años y vivimos en Salamanca.*

nosotros
Pedro y Lola
13 - Salamanca

tú
José
12 - Bilbao

ellos
Nico y Hugo
10 - Madrid

vosotras
Bea y Carmen
11 - Valencia

LLAMARSE

(yo) me **llam**o
(tú) te **llam**as
(él, ella) se **llam**a
(nosotros/as) nos **llam**amos
(vosotros/as) os **llam**áis
(ellos, ellas) se **llam**an

TENER

ten**g**o
tien**e**s
tien**e**
ten**e**mos
ten**é**is
tien**e**n

VIVIR

viv**o**
viv**e**s
viv**e**
viv**i**mos
viv**í**s
viv**e**n

[Ahora tú]

A1
DELE

7 Das información personal. Preséntate, como Elena.

3 Jugamos al baloncesto

Víctor participa en el campeonato nacional de baloncesto

Sara / 12 años
La Coruña · 1

Carlos / 13 años
Salamanca · 13

CANARIAS

Pablo / 11 años
Barcelona · 5

Hugo / 12 años
Valencia · 9

Víctor / 12 años
Madrid · 6

Marta / 12 años
Granada · 18

La Coruña
GALICIA
CASTILLA Y LEÓN
MADRID
Salamanca
Madrid
Valencia
VALENCIA
CATALUÑA
Barcelona
ANDALUCÍA
Granada

Nuevos amigos

1 Escucha la conversación entre estos chicos.

tuaulavirtual
PISTA **10**

2 Lee y completa la conversación con la información de las fichas.

1 ¡Hola! Me llamo _____ , y tú, ¿cómo _____ ?

2 Me llamo _____ . ¿Cuántos años tienes?

3 Tengo _____ años. Vivo en _____ . Y tú, ¿dónde _____ ?

4 En _____ . ¿Cuál es el número de tu camiseta?

5 El _____ . ¡Es mi número favorito!

3 Elige un chico o una chica del campeonato. Con tu compañero representa una conversación en clase.

Los interrogativos

CE. 7, 8 (p. 8)

4 Lee las respuestas de Adela y relaciona cada una con la pregunta adecuada.

a
Se llama José.

c
Vivo en Salamanca.

e
Soy Adela.

b
El quince.

d
Duque Martín.

f
Tengo 12 años.

g
Son dos amigos del fútbol.

1 ¿Quién eres? `e`
2 ¿Cuántos años tienes?
3 ¿Dónde vives?
4 ¿Quiénes son Carlos y Pablo?
5 ¿Cuál es tu número favorito?
6 ¿Cuáles son tus apellidos?
7 ¿Cómo se llama el entrenador?

5 Completa con estos interrogativos. Escucha y comprueba.

tuaulavirtual
PISTA 11

1 ¿____ son?
2 ¿____ es tu día favorito?
3 ¿____ son tus apellidos?
4 ¿____ eres?
5 ¿____ se llama la chica?
6 ¿____ años tenéis?
7 ¿____ viven Elena y Lucía?

Cuántos

Quién

Cuál

Cómo

Quiénes

Dónde

Cuáles

Las palabras interrogativas llevan tilde (´).
Las frases interrogativas empiezan con ¿ y terminan con ?

[Ahora tú]

A1 DELE

6 Enseña a tu compañero la foto de un amigo o elige un compañero de clase. Tu compañero te hace preguntas.

¿Cómo se llama?   ¿Dónde... ?   ¿Cuántos... ?   Se llama...

Repasas
la gramática

Escribe las respuestas en tu cuaderno

Los pronombres personales

1 Completa con los pronombres personales.

	SINGULAR		PLURAL	
			masculino	femenino
1.ª PERSONA	yo			
2.ª PERSONA				
	masculino	femenino	masculino	femenino
3.ª PERSONA				

2 Observa las imágenes y completa con un pronombre personal.

El verbo *ser*

3 Completa con las formas del verbo *ser*.

SER	
(yo)	soy
(tú)	eres
(él, ella)	es
(nosotros/as)	somos
(vosotros/as)	sois
(ellos/as)	son

Es el profesor.

1 ☐ Marta y Pablo.

3 No, ☐ David y Óscar.

2 ¿☐ Hugo y Carlos?

Hola, _____ Lola, y tú,
4   ¿quién _____?

Los verbos *llamarse, tener y vivir*

4 **Localiza la casilla y escribe el verbo en presente.**

1 a3 _____   4 c2 _____   7 a2 _____
2 c3 _____   5 a1 _____   8 c1 _____
3 b1 _____   6 b3 _____   9 b2 _____

a

1   llamarse, yo
2   vivir, ellos
3   tener, yo

b

1   tener, vosotros
2   llamarse, nosotros
3   vivir, nosotros

c

1   vivir, él
2   tener, tú
3   llamarse, ella

5 **Completa las frases con 6 formas del ejercicio anterior.**

1 Nos llamamos Pablo y Alberto y _____ en Madrid.
2 La amiga de Lola _____ Carolina.
3 Lucas y José _____ en Granada.
4 _____ Carmen y _____ doce años.
5 Antonio _____ en La Coruña.

6 **Ordena las palabras y escribe las frases.**

1 se llama | El | Miguel. | de | fútbol | entrenador

2 vivo | y | años | en | Tengo | Barcelona. | doce

3 ocho. | número | favorito | es | el | Mi

4 en | y Elena | viven | Granada. | José

5 amigas | de | fútbol. | Marina | son | y Carolina | del equipo

Los interrogativos

7 **Escribe los interrogativos y relaciona las preguntas con las respuestas.**

1 ¿ *Cuántos* años tienen Bea y María?   a Me llamo Patricia.
2 ¿ _____ vive Adela?   b Justo.
3 ¿ _____ es?   c Son David y Marta.
4 ¿ _____ son tus días favoritos?   d *Tienen doce años.*
5 ¿ _____ te llamas?   e Es el amigo de Pablo.
6 ¿ _____ son?   f Vive en Salamanca.
7 ¿ _____ es tu primer apellido?   g El sábado y el domingo.

Vivir en sociedad

¿Tú, usted, vosotros/as, ustedes?

1 Observa cómo preguntan estas personas.

¿Es usted el entrenador?

Hola, abuelos, ¿dónde vivís ahora?

Mamá, ¿cuál es tu día favorito?

El domingo, ¡claro!

2 Ahora, relaciona según los ejemplos anteriores.

Para hablar con...

a	adultos (no son de tu familia)...
b	un adulto (no es de tu familia)...
c	personas de tu familia...
d	una persona de tu familia...

Usas

1	tú + verbo en 2.ª persona del singular
2	usted + verbo en 3.ª persona del singular
3	vosotros/as + verbo en 2.ª persona del plural
4	ustedes + verbo en 3.ª persona del plural

3 ¿Qué forma usas? Escribe debajo de cada foto *tú, usted, vosotros/as, ustedes*.

1

2

3

4

Entonación, pronunciación y grafía

1 Escucha y observa.

tuaulavirtual
PISTA **12**

1 *Paula tiene 12 años.*

2 *¿Paula tiene 12 años?*

Las frases interrogativas empiezan con ¿ y terminan con ?

3 *¡Paula tiene 12 años!*

Las frases exclamativas empiezan con ¡ y terminan con !

2 Escucha y escribe ¿?, ¡! o .

tuaulavirtual
PISTA **13**

1
a *Tu día favorito es el lunes*
b *Tu día favorito es el lunes*
c *Tu día favorito es el lunes*

2
a *José es el entrenador*
b *José es el entrenador*
c *José es el entrenador*

3
a *Son tus amigos del equipo de fútbol*
b *Son tus amigos del equipo de fútbol*
c *Son tus amigos del equipo de fútbol*

3 Observa las imágenes y escribe ¡!, ¿? o .
Luego, pronuncia las frases.

No eres el amigo de Pablo

Tus apellidos son Martín Martín

Valeria vive en Madrid

MAGACÍN

DESCUBRES ESPAÑA

1 Lee esta presentación de Marta.

¡Hola!

Me llamo Marta y tengo 12 años. Vivo en Madrid, la capital de España.

España es un país de la Unión Europea. Se divide en 17 comunidades autónomas: Galicia, Principado de Asturias, Cantabria, País Vasco, Comunidad Foral de Navarra, La Rioja, Aragón, Cataluña, Islas Baleares, islas Canarias, Comunidad Valenciana, Región de Murcia, Andalucía, Castilla y León, Comunidad de Madrid, Castilla-La Mancha y Extremadura.

En España se habla español (en todo el país) y también catalán (en Cataluña, la Comunidad Valenciana y las Islas Baleares), vasco (en el País Vasco) y gallego (en Galicia).

La moneda de España es el euro.

¡Ah, sí! Don Felipe VI y doña Letizia son los reyes de España.

LA MONEDA

LA BANDERA

LOS REYES

Don Felipe VI y doña Letizia

Cuatro Torres
Business Area (Madrid)

Puerta de Alcalá (Madrid)

2 Ahora contesta estas preguntas.

1 ¿Cuántas comunidades autónomas tiene España?
2 ¿Cuál es la moneda española?
3 ¿Cómo se llama la capital?
4 ¿Cómo se llaman los mares y el océano que rodean España?
5 ¿España tiene islas? ¿Cómo se llaman?
6 ¿Cuántos idiomas se hablan en España? ¿Cómo se llaman?
7 Busca en el texto el nombre de las comunidades autónomas y completa el mapa.

Puerta del Sol (Madrid)

EL MAPA

OTRAS CIUDADES

1 G _ _ _ _ c _ a

2 C _ _ _ _ l _ a

3 M _ _ _ _ d

4 A _ _ _ _ l _ _ a

Torre del Oro (Sevilla)

PROYECTO cultural

Escribe un texto sobre tu país con:

◆ Nombre de la capital y tres ciudades importantes.
◆ Nombre del idioma.
◆ Nombre de la moneda.

Dibuja la bandera de tu país.

Sagrada Familia (Barcelona)

Objetivos

1 Decir tu nacionalidad

2 Decir tu mes preferido

3 Decir tu fecha de cumpleaños

▶ **LÉXICO**

✓ Los países y los continentes
✓ Los meses del año

▶ **COMUNICACIÓN**

✓ Dices qué día es hoy
✓ Hablas de las fechas de cumpleaños
✓ Dices las nacionalidades

▶ **GRAMÁTICA**

● La nacionalidad: género y número
● El artículo determinado e indeterminado: *el*, *la*, *los*, *las*; *un*, *una*, *unos*, *unas*
● El nombre: masculino y femenino

Vivir en sociedad

∴ **Un cumpleaños español**

ÁREA de Geografía

∴ **Países de Hispanoamérica**

MAGACÍN

∴ **Fiestas de España**
∴ **Proyecto cultural**

Para empezar...
¡Prepárate!

LOS PAÍSES

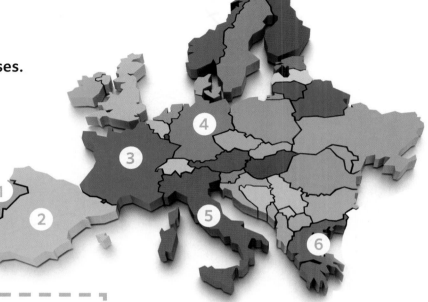

1 Relaciona los números y los países.

a ☐ Francia   d ☐ Portugal
b ☐ Italia   e ☐ Grecia
c ☐ España   f ☐ Alemania

LOS MESES

2 Elige el mes correcto.

a noviembre
b septiembre
c octubre

¡Hola! Soy Marcos. Mi cumpleaños es el 5 de ☐

OCTUBRE 2016

				1	2	3
4	5	6	7	8	9	10
11	12	13	14	15	16	17
18	19	20	21	22	23	24
25	26	27	28	29	30

UN PAÍS HISPANO

3 Buenos Aires es la capital de...

a México
b Cuba
c Argentina

4 Jóvenes del mundo

Luca estudia español en el instituto

Marie

Henry

13 _u_ia

10 A_e_a_ia

1 _a_a_á

6 _ _a_ _ia

9 I_ _ _a_e_ _a

7 I_a_ia

2 E_ _a_o_ _U_i_o_

4 _ _a_i_

3 _éxi_o

12 _ _e_ia

Mario

Valeria

Nadia

8 _o_ _u_a_

11 _a_ _ue_o_

5 A_ _e_ _i_a

Hugo

¡Hola!
Me llamo Luca y vivo
en Florencia, en Italia.
Tengo 12 años y mi
cumpleaños es
el 4 de abril.

1 Escucha y completa los nombres de los países.

2 Observa los colores y clasifica los países en su continente.

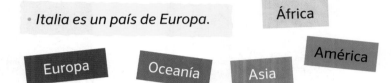

- Italia es un país de Europa.

África

Europa   Oceanía   Asia   América

3 Elige a un chico del mapa y di dónde vive.

Mario vive en Portugal.

Los meses del año   CE. 3 (p. 10)

4 Escucha y ordena los meses.

tuaulavirtual
PISTA 15

Los meses del año

☐	octubre	1	enero
5	mayo	☐	marzo
☐	septiembre	☐	noviembre
☐	febrero	☐	julio
12	diciembre	☐	abril
☐	junio	8	agosto

5 Escribe los nombres de los meses con estas letras.

- M / R → noviembre.
- O / A → ☐
- O / T → ☐
- E / E → ☐

Yuko

15 _a_ó_

Helen

14 Au_ _ _a_ia

tuaulavirtual
PISTA 14

[**Ahora tú**]   **A1** DELE

6 Lee la presentación de Luca y escribe tú una con tu información. Lee tu presentación en clase.

Lección 5

¿De dónde son?

José y sus amigos preguntan sobre países

1

2

3

4

5

Es español

1 Lee y completa con estas nacionalidades.

argentino   francés   inglés

española   italiana

2 Escucha y comprueba tus respuestas.

tuaulavirtual
PISTA 16

¿Cuántas nacionalidades conoces?

David   José, ¿cuántas nacionalidades conoces?
A ver, la *pizza* es una comida...

José   ¡_____!

David   ¡Bien! Lionel Messi es un futbolista...

Virginia   ¡Qué fácil! _____.

David   Síí. La Torre Eiffel es un monumento...

Virginia   ¡_____!

David   One Direction es un grupo...

José   ¡Yo lo sé! ¡_____!
Otra, otra pregunta.

Virginia   Vale. Ahora pregunto yo.
La paella es una comida...

David   ¡Qué fácil! ¡_____!

La nacionalidad: masculino y femenino  CE. 4 (p. 10)

3 Observa la información y completa las nacionalidades en femenino.
Después, escribe el nombre de los países.

o → a
M argentino
F argentina
Argentina
M ruso
F ....
....
M italiano
F ....
....
M brasileño
F ....
....

és* → esa
M francés
F ....
....
M japonés
F ....
....
M portugués
F ....
....

masculino = femenino
M canadiense
F ....
....
M estadounidense
F ....
....
M marroquí
F ....
....

otras
M alemán*
F alemana
....
M español
F española
....

> * Los nombres en –és y –án no llevan tilde (´)
> en femenino ni en plural.
>
> francés → francesa, franceses, francesas.
> alemán → alemana, alemanes, alemanas.

4 Di un país. Tu compañero dice la nacionalidad
en masculino y en femenino.

España   *español, española*

La nacionalidad: singular y plural  CE. 5 (p. 10)

5 Observa y escribe el plural de estas nacionalidades.

1 alemán
....

2 mexicano
....

3 canadiense
....

4 griega
....

5 italiana
....

6 japonés
....

7 portugués
....

8 argentino
....

singular	plural
vocal →	+ s
australiano →	australianos

consonante →	+ es
español →	españoles

A1 DELE — [**Ahora tú**]

6 Di el país y la nacionalidad de estos famosos.

SHAKIRA   RIHANNA   V. ROSSI   RONALDO

Shakira es colombiana, de Colombia.

6

¡Feliz cumpleaños!

Sara y David deciden un regalo

una camiseta

una llave USB

un libro

un estuche

una raqueta

unos rotuladores

Un regalo

1 Lee y completa con las palabras de las fotos.

2 Escucha y comprueba. ¿Qué regalo eligen? Escríbelo.

tuaulavirtual
PISTA 17

_ _ _ _ _ _ _ _ _ _

Sara	¿Qué día es hoy?
David	¡Hoy es 5 de octubre! Es el cumpleaños de Marcos.
Sara	Es verdad. ¿Qué compramos?
David	¡Un e _ _ _ _ _ _ ! No, no. Unos r _ _ _ _ _ _ _ _ _ para clase.
Sara	¡Nooooo! ¿Y una c _ _ _ _ _ _ _ ?
David	O una ll _ _ _ _ _ _ .
Sara	¿Y un l _ _ _ _ de aventuras?
David	¡No sé! Síííí. ¡Una r _ _ _ _ _ _ !
Sara	Vale, y buscamos una postal en Internet.
David	Genial.

Los artículos  CE. 7 (p. 11)

3 Completa con el artículo adecuado según el diálogo.

	indeterminados		determinados	
	singular	plural	**singular**	plural
masculino		unos	el	los
femenino			la	las

El nombre: masculino y femenino  CE. 6 (p. 11)

4 Completa la regla con estos nombres.

Regla

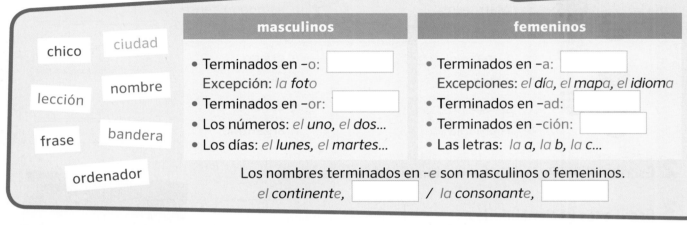

chico   ciudad   nombre   lección   frase   bandera   ordenador

masculinos	femeninos
• Terminados en –o: _____ Excepción: *la foto*	• Terminados en –a: _____ Excepciones: *el día, el mapa, el idioma*
• Terminados en –or: _____	• Terminados en –ad: _____
• Los números: *el uno, el dos...*	• Terminados en –ción: _____
• Los días: *el lunes, el martes...*	• Las letras: *la a, la b, la c...*

Los nombres terminados en –*e* son masculinos o femeninos.
el continente, _____ / *la consonante,* _____

5 Ahora, escribe el nombre y los artículos, como en el modelo.

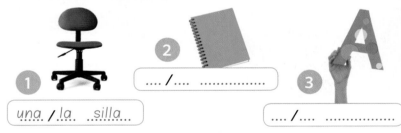

1 *una* / *la* *silla*

2 .... / ....

3 .... / ....

4 .... / ....

5 .... / ....

La fecha del cumpleaños  CE. 8 (p. 11)

6 Escucha y marca la fecha de cumpleaños de los dos amigos.

tuaulavirtual
PISTA 18

	él			ella		
Día	05 ☐	15 ☐	19 ☐	02 ☐	20 ☐	30 ☐
Mes	01 ☐	04 ☐	05 ☐	08 ☐	09 ☐	11 ☐

• ¿Qué día es hoy?
  Hoy es viernes 2 de marzo.
• ¿Cuándo es tu cumpleaños?
  Mi cumpleaños es el 3 de junio.

[Ahora tú]  DELE

7 Dices la fecha de hoy.
Pregunta a tres compañeros la fecha de su cumpleaños.

David, ¿cuándo es tu cumpleaños?

Mi cumpleaños es el...

Repasas
la gramática

Escribe las respuestas en tu cuaderno

la nacionalidad: el género y el número

1 Relaciona cada país con la nacionalidad adecuada.

País	Masculino	Femenino
1 *Estados Unidos*	**a** marroquí	
2 Colombia	**b** alemán	
3 Marruecos	**c** *estadounidense*	
4 Argentina	**d** colombiano	
5 Cuba	**e** griego	
6 China	**f** chino	
7 Grecia	**g** cubano	
8 Alemania	**h** argentino	

2 Escribe el femenino de las nacionalidades anteriores.

3 Escribe las nacionalidades.

El canguro es ____.

1

Río de Janeiro es una ciudad ____.

2

Cristiano Ronaldo es ____.

3

La Acrópolis de Atenas es un monumento ____.

Este hombre es ____.

4

5

El sushi es un plato ____.

6

Estas muñecas son ____.

7

La Torre Eiffel y el Arco del Triunfo son monumentos ____.

8

El artículo determinado e indeterminado

4 Completa con el artículo que falta.

1 *una* / | la | amiga   4 *unas* / ☐ camisetas   7 ☐ / *los* chicos

2 *unos* / ☐ regalos   5 *un* / ☐ número   8 ☐ / *las* fechas

3 ☐ / *el* estuche   6 ☐ / *la* palabra   9 *unas* / ☐ raquetas

5 Escribe *el* o *la* debajo de cada imagen.

1 .... entrenador   2 .... ciudad   3 .... natación

4 .... mochila   5 .... nombre   6 .... clase   7 .... bandera   8 .... chico

El nombre: masculino y femenino

6 Marca si estas palabras son masculinas (M) o femeninas (F). Después, escribe el artículo determinado.

		M	F
1	☐ instituto	☐	☐
2	☐ conversación	☐	☐
3	☐ miércoles	☐	☐
4	☐ estuche	☐	☐
5	☐ moneda	☐	☐
6	☐ año	☐	☐
7	☐ idioma	☐	☐
8	☐ ciudad	☐	☐
9	☐ cuaderno	☐	☐

		M	F
10	☐ amiga	☐	☐
11	☐ mapa	☐	☐
12	☐ monumento	☐	☐
13	☐ unidad	☐	☐
14	☐ foto	☐	☐
15	☐ lección	☐	☐
16	☐ día	☐	☐
17	☐ información	☐	☐
18	☐ apellido	☐	☐

Vivir en sociedad

Un cumpleaños español

1 ¿Sabes cómo es un cumpleaños español? Lee el texto de Marcos. Observa las fotos y los colores de las palabras.

En muchos países la fiesta del cumpleaños es muy importante. En España, por ejemplo, celebramos el cumpleaños con la familia o los amigos que dan regalos para la persona que cumple los años. Cuando recibes un regalo, abres el regalo y dices: «¡Qué bonito! Gracias». «Muchas gracias, me gusta mucho».

También es común comer tarta y soplar las velas. Por ejemplo, yo hoy cumplo trece años, entonces tengo que poner trece velas en la tarta. Después, soplamos y apagamos las velas. Finalmente todos cantan una famosa canción... ¿la conoces? Se llama «Cumpleaños feliz». ¡Ah, sí!, en España también es común entre amigos o compañeros tirar de las orejas a la persona que cumple los años.

2 En tu país, ¿qué hacen el día del cumpleaños? Indícalo.

a Tirar de las orejas ☐ b Dar regalos ☐ c Abrir los regalos ☐ d Soplar las velas ☐ e Comer tarta ☐

3 Estos son los regalos de los amigos de Marcos. Relaciona cada imagen con su nombre.

a ☐ Una camiseta de Spiderman.
b ☐ Una mochila para el instituto.
c ☐ Una taza para beber.
d ☐ Un balón de fútbol.
e ☐ Un reloj moderno.

4 Escucha y aprende la canción del «Cumpleaños feliz».

tuaulavirtual
PISTA 19

Cumpleaños feliz, cumpleaños feliz.
Te deseamos todos
cumpleaños feliz.

Hispanoamérica

1 Dibuja el mapa en tu cuaderno y completa con los nombres de los países que faltan.

> Hispanoamérica está formada por países donde se habla español. En total son más de 400 millones de personas.

18 _ _ b _
La Habana

República Dominicana 17
Santo Domingo

1 _ _ x _ _ _
México D.F.

2 Guatemala
Ciudad de Guatemala

15 Honduras
Tegucigalpa

16 _ _ _ _ t _ _ c _
San Juan

3 _ _ _ _ v _ _ _
San Salvador

Nicaragua 14
Managua

Venezuela 13
Caracas

4 Costa Rica
San José

5 _ _ n _ _ _
Ciudad de Panamá

6 Colombia
Bogotá

7 Ecuador
Quito

8 Perú
Lima

Brasil
Brasilia

9 B _ _ _ _ _ _
La Paz

Paraguay
Asunción

10 Chile
Santiago de Chile

12 _ _ _ _ _ _ y
Montevideo

11 _ _ g _ _ _ _ _
Buenos Aires

OCÉANO PACÍFICO

OCÉANO ATLÁNTICO

Argentina
Bolivia
Cuba
México
Panamá
Puerto Rico
El Salvador
Uruguay

Machu Picchu (Perú)

La Habana (Cuba)

Chichén Iztá (México)

Cataratas de Iguazú
(Argentina)

2 Localiza en el mapa y lee el nombre de los países con número 1, 3, 7, 8, 11, 12, 15 y 18. ¿Cuál es su capital?

3 Di una capital. Tu compañero dice el país.

• Lima → es la capital de Perú

MAGACÍN

FIESTAS DE ESPAÑA

1 Infórmate sobre algunas fiestas en España.

¡Hola!

Me llamo Carlos y vivo en Santa Cruz de Tenerife, en las islas Canarias. Santa Cruz es muy famosa por los carnavales, que son en febrero, por eso es mi mes preferido. Durante el carnaval no tenemos clase y mis amigos y yo bailamos en la calle todos los días. ¡Es genial!

Pero tenemos más fiestas.

- En invierno está la fiesta de Navidad. Es cuando Jesús nace y es una fiesta familiar; la Nochevieja, que es el último día del año, es una noche de fiesta y es tradicional comer 12 uvas, y la fiesta de los Reyes Magos, una fiesta especial para los niños porque reciben regalos.

- En primavera está la fiesta de las Fallas, en Valencia. En esta fiesta hay estatuas gigantes de cartón en las calles y por la noche se queman con fuego.

- En otoño está la fiesta nacional. Este día hay un desfile militar, allí están los reyes de España.

Las estaciones

Primavera

Verano

Otoño

Invierno

□ **Fiesta nacional**

□ **Nochevieja**

2 Relaciona cada fiesta con la fecha y la foto adecuada según el texto.

FEBRERO
1

MARZO
19
2

DICIEMBRE
25
5

DICIEMBRE
31
4

OCTUBRE
12
3

ENERO
6
6

□ **Navidad**

□ **Reyes Magos**

1 **Carnaval**

□ **Las Fallas**

PROYECTO cultural

A1 DELE

¿Qué fiestas hay en tu país?

◆ Elige 6 y haz un póster con fotos de las fiestas.
◆ Explica tu póster en clase.

3 ¿Qué estudias?

Objetivos

1 Decir qué objetos hay en clase

2 Explicar qué asignaturas estudias

3 Describir qué haces en clase

▶ LÉXICO

✓ El material escolar
✓ Las asignaturas

▶ COMUNICACIÓN

✓ Hablas de tus actividades en clase
✓ Dices dónde están las personas y los objetos
✓ Preguntas y dices la hora

▶ GRAMÁTICA

● El presente. Verbos regulares
● Los verbos *ver*, *hacer* y *estar*
● La frase negativa
● Expresiones de lugar: *en*, *al lado de*, *entre*...
● El nombre: singular y plural

Vivir en sociedad ∴ **La convivencia en el aula**

ÁREA de Tecnología ∴ **El ordenador e Internet**

MAGACÍN ∴ **Un instituto español**
∴ **Proyecto cultural**

Para empezar...
¡Prepárate!

EL MATERIAL ESCOLAR

1 Escribe el nombre debajo de cada objeto.

| la mochila |
| el cuaderno |
| el estuche |
| la calculadora |
| *el lápiz* |
| el bolígrafo |

1 la _ _ _ _ _ _ **d** _ _ _ _

2 el **c** _ _ _ _ _ _ _ _

3 la _ _ _ _ _ _ **l** _

4 el _ _ _ _ **g** _ _ _ _

5 el _ _ _ _ **z**

6 el _ _ **t** _ _ _ _ _

LAS ASIGNATURAS

2 Relaciona cada asignatura con su imagen.

a Inglés ☐

b Geografía ☐

c Matemáticas ☐

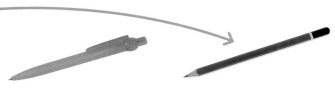

$$9 + \frac{5x}{2} = 4$$

1   **2**   **3**

INFINITIVOS

3 Relaciona cada frase con el infinitivo adecuado.

1 Escucho la conversación.

2 Lees los nombres.

3 Escribimos las palabras.

a ☐ leer

b ☐ escribir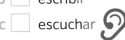

c ☐ escuchar

LA HORA

4 Indica la hora correcta.

a ☐ Son las diez y diez.

b ☐ Son las tres y veinte.

Mi material escolar

¡Hola, soy Raquel! Este es mi material escolar para mañana. Mi asignatura favorita es Geografía.

Para la clase de **Inglés**

2 el ....

1 los .... *libros* ....

3 el ....

Para la clase de **Lengua y Literatura**

Para la clase de **Geografía**

4 los ....

5 la ....

6 los ....

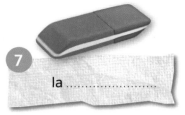

7 la ....

8 el ....

El material escolar CE. 1 (p. 12)

tuaulavirtual
PISTA **20**

1 **Escucha y escribe estos nombres debajo del objeto adecuado.**

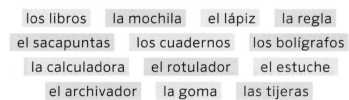

los libros   la mochila   el lápiz   la regla
el sacapuntas   los cuadernos   los bolígrafos
la calculadora   el rotulador   el estuche
el archivador   la goma   las tijeras

2 **Escribe el nombre de tres objetos.**

▸ En tu mochila ⟶ el libro...
▸ En tu estuche ⟶ la goma...

9 el ....

3 **Elige cuatro objetos de tu mochila. Pregunta a tu compañero. Él dice qué es.**

¿Qué es?   Es un estuche.

Para preguntar por cosas, usas ¿qué...?

10 la ....

Las asignaturas 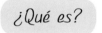 CE. 2 (p. 12)

4 **Observa los iconos y relaciona las dos partes de cada asignatura. Luego, lee los nombres.**

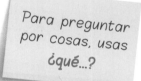

11 las ....

1 Mate   a *Sociales*
2 Educación Plástica   b logía
3 *Ciencias*   c Física
4 In   d máticas
5 Fran   e y Literatura
6 Ciencias de   f y Visual
7 Lengua   g la Naturaleza
8 Educación   h glés
9 Mú   i sica
10 Tecno   j cés

12 la ....

13 el ....

- - - [**Ahora tú**] - - -

6 **Contesta a Raquel.**

¿Cuál es tu asignatura favorita?

5 **¿En qué asignatura Raquel estudia...?**

1 Los verbos *to be* y *to have*.   3 Los animales.
2 Los continentes.   4 La vida de Cervantes.

8 Mis clases

Raquel explica qué hace en el instituto

tuaulavirtual
PISTA 21

1 Escucha y lee qué hacen Raquel y sus compañeros en clase.

INGLÉS

Estudiamos con ordenadores.
Escuchamos diálogos, vemos vídeos,
hacemos ejercicios de gramática,
aprendemos palabras...
No escribimos en el libro.

Hoy es martes.
Los martes por la
mañana estudio tres
asignaturas.

LENGUA Y LITERATURA

El profe(1) explica la lección. Estudiamos la
biografía de escritores importantes.
Leemos textos y escribimos las explicaciones
del profesor en el cuaderno.
Respondemos a las preguntas del* profesor.

GEOGRAFÍA

Escuchamos al** profe.
Aprendemos los nombres
de los países. Dibujamos
mapas y buscamos
información en Internet.

Las clases de Raquel

(1) Los alumnos dicen
el profe, la profe.

2 Ahora, di si es verdadero (V)
o falso (F) según los textos.

Raquel y sus compañeros...

1 Leen textos en clase de Inglés.

2 En clase de Geografía ven vídeos.

3 No escriben en el libro de Inglés.

4 Aprenden sobre escritores famosos
en clase de Literatura.

5 Aprenden sobre países en clase de Geografía.

V	F

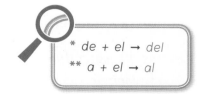

* de + el → del
** a + el → al

El presente: verbos regulares  CE. 3 (p. 13)

3 Observa las palabras en rojo de los textos anteriores y escríbelas debajo del infinitivo, como en el modelo.

1 estudiar	2 leer	3 escribir
estudiamos	....	....

4 aprender	5 dibujar	6 explicar
....	....	....

7 buscar	8 escuchar	9 responder
....	....	....

HABLAR	LEER	ESCRIBIR
hablo	leo	escribo
hablas	lees	escribes
habla	lee	escribe
hablamos	leemos	escribimos
habláis	leéis	escribís
hablan	leen	escriben

Los verbos *ver* y *hacer*

4 Completa con estas formas verbales.

ves	hace	hacéis

vemos	ven

	VER	HACER
(yo)	veo	hago
(tú)	☐	haces
(usted, él, ella)	ve	☐
(nosotros/as)	☐	hacemos
(vosotros/as)	veis	☐
(ustedes, ellos/as)	☐	hacen

Los pronombres personales  CE. 4 (p. 14)

5 Escribe el pronombre personal de estas formas, como en el modelo.

1 *respondo...* yo
2 estudias .... ☐
3 veo............. ☐

4 vive........... ☐
5 haces .... ☐
6 dibujáis ..... ☐

7 hacen........ ☐
8 escribimos ☐
9 hago .... ☐

10 tenemos ... ☐
11 aprendes... ☐
12 escucha..... ☐

La frase negativa 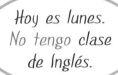 CE. 5 (p. 14)

tuaulavirtual
PISTA **22**

6 Raquel habla de su clase de Inglés. Escucha y marca las frases correctas.

1 ☐ Su profesor es inglés.
☐ Su profesor no es inglés.
2 ☐ Escucha diálogos.
☐ No escucha diálogos.
3 ☐ Aprende poesías.
☐ No aprende poesías.

Hoy es lunes. No tengo clase de Inglés.

no + verbo

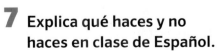

[**Ahora tú**] **A1** DELE

7 Explica qué haces y no haces en clase de Español.

Hablo con el profesor. No escribo en el libro.

9 ¿Dónde están?

Raquel está en clase de Música

Mis compañeros  CE. 7 (p. 15)

tuaulavirtual
PISTA 23

1 Escucha a Raquel y observa la foto.

Alba   Yolanda   Rubén

Valeria   Daniel   Matilde

Nerea   Diego   Carlos

2 Lee y completa con las expresiones del cuadro.

Hoy es lunes y son las diez y diez (10:10 h).

Estoy [en] la clase de Música.

Mis compañeros están sentados

[   ] las sillas, excepto Alba y Rubén.

Nerea está [   ] Diego. Diego y

Carlos están [   ] Daniel. Matilde

está [   ] Carlos. Daniel

está [   ] Matilde y Valeria.

Y yo, ¿dónde estoy?

¡Pues yo hago la foto!

Expresiones de lugar

El lápiz está...

al lado de   delante de   detrás de   en

debajo de   entre   sobre

El verbo *estar*  CE. 6 (p. 14)

3 Completa con *está/están* y di si las frases son verdaderas (V) o falsas (F).

	V	F
1 Los bolígrafos .... al lado del estuche.	☐	☐
2 El sacapuntas .... detrás de los libros.	☐	☐
3 El estuche .... sobre los libros.	☐	☐
4 La goma .... delante del estuche.	☐	☐
5 Las tijeras .... sobre el cuaderno.	☐	☐
6 La regla .... debajo del cuaderno.	☐	☐

VERBO ESTAR
estoy
estás
está
estamos
estáis
están

El nombre: singular y plural 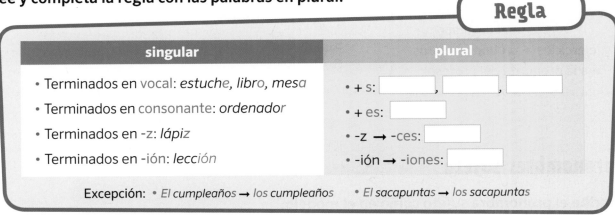 CE. 8 (p. 15)

4 Lee y completa la regla con las palabras en plural.

Regla

singular	plural
• Terminados en vocal: *estuche, libro, mesa*	• + s: ⬚ , ⬚ , ⬚
• Terminados en consonante: *ordenador*	• + es: ⬚
• Terminados en -z: *lápiz*	• -z → -ces: ⬚
• Terminados en -ión: *lección*	• -ión → -iones: ⬚

Excepción: • *El cumpleaños* → *los cumpleaños*   • *El sacapuntas* → *los sacapuntas*

5 Escucha y escribe las palabras. Luego, escribe el plural.

1 *El amigo/Los amigos.*
....
2 ....
3 ....
4 ....

tuaulavirtual
PISTA **24**

La hora  CE. 9 (p. 15)

6 Observa.

menos cinco — en punto — **y** cinco
menos diez — **y** diez
menos cuarto — **y** cuarto
menos veinte — **y** veinte
menos veinticinco — **y** veinticinco
y media

7 Elige un reloj. Tu compañero dice la hora.

Reloj número 3.   *Son las...*

1 2 3

¿Qué hora es?
• Es la una. /Son las tres y veinte.

[Ahora tú] — — — **A1 DELE**

8 Di el nombre de un compañero de clase y explica dónde está.

Repasas
la grámatica

Escribe las respuestas en tu cuaderno

El presente: verbos regulares e irregulares

1 Escribe el verbo en la persona adecuada. Después, termina las frases con las expresiones del cuadro. Hay varias posibilidades.

> ► Geografía ► un mapa
> ► la lección ► frases ► *vídeos* ✓
> ► información en Internet
> ► verbos ► al profesor
> ► ejercicios ► un texto ► fotos
> ► a la pregunta del profesor

1 ver (yo)   *Veo vídeos.* ....
2 estudiar (ellos) ....
3 buscar (ella) ....
4 explicar (vosotros) ....
5 leer (yo) ....
6 escribir (él) ....
7 escuchar (tú) ....
8 responder (nosotros) ....
9 dibujar (tú) ....
10 hacer (yo) ....

Los pronombres sujeto

2 Escribe el pronombre sujeto como en el modelo.

1 explico   ...*yo*...........   3 dibujáis   ....   5 estudias   ....
2 respondemos ....   4 explica   ....   6 aprenden   ....

La frase negativa

3 Relaciona las dos partes de cada frase.

1 *Hoy es domingo*		a ejercicios de gramática.
2 Mi amigo Lucas		b *no tenemos clase.*
3 En clase de Inglés		c no habláis español.
4 Cristina no tiene		d amigos en Internet.
5 Hoy no hacemos		e no estudia Italiano en el instituto.

El verbo *estar*

4 Completa las formas y escribe el pronombre personal.

1 e s t á s, │*tú*│   2 e _ t á _ _, │ │   3 e _ t _ _ y, │ │
4 e _ _ _ n, │ │   5 e s _ _, │ │   6 _ s t _ _ _ s, │ │

Las expresiones de lugar

5 **Indica la expresión correcta.**

1 *La mochila está ●●● la mesa.*

| a *debajo de* ✔ | b detrás de la |

2 El libro está ●●● silla.

| a sobre la | b al lado de la |

3 El sacapuntas está ●●● la calculadora y el boli.

| a en | b entre |

4 La calculadora está ●●● bolígrafo.

| a detrás del | b delante del |

5 El lápiz está ●●● el estuche.

| a en | b sobre |

El nombre: singular y plural

6 **Pon las palabras en plural.**

1 la mesa → ....

2 el móvil → ....

3 el lápiz → ....

4 el rotulador → ....

5 el equipo → ....

6 el profesor → ....

7 la información → ....

8 el apellido → ....

9 la compañera → ....

10 el sacapuntas → ....

7 **Clasifica estas palabras.**

1 reloj ✔
2 preguntas
3 compañeros
4 clase
5 archivadores
6 perros
7 calculadora
8 nacionalidad
9 idioma
10 capital

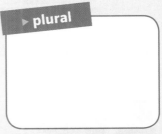

▶ singular

reloj

▶ plural

8 **Escribe las palabras singulares anteriores en plural.**

1 *relojes* ....

2 ....

3 ....

4 ....

5 ....

6 ....

Vivir en sociedad

La convivencia en el aula

1 Observa las fotos y relaciona cada una con su texto. Después, clasifícalas en el lugar adecuado.

Levantamos la mano para hablar. ☐

Perdón, ¿cómo se escribe? ☐

No entiendo, ¿puede repetir, por favor? ☐

¿Puedo trabajar contigo? ☐

¿Tienes un boli? ☐

Sí, toma. ☐

SOMOS PUNTUALES `1`

SOMOS EDUCADOS ☐ ☐ ☐

TRABAJAMOS EN EQUIPO ☐

COMPARTIMOS ☐

2 Ahora, di si *está bien* o si *está mal* hacer esto.

1 _____ **2** _____ **3** _____ **4** _____ **5** _____

El ordenador

1 Completa las palabras con estas sílabas.

te
pan
lla
ra
ve
ta
cam

1 la web _ _ _

2 la _ _ _ ta _ _ _

3 la lla _ _ USB

4 el _ _ tón

5 los al _ _ voces

6 el _ _ clado

Internet

2 Observa las letras finales y di de qué país son estas direcciones.

a http://www.dgt.es   *España*
b http://www.ferrari.it   ....
c http://www.louvre.fr   ....
d http://www.virtualmuseum.ca ....
e http://www.mcclaren.uk   ....

3 Lee y ordena de más (+) a menos (−) importantes estos puntos sobre el uso seguro de Internet. ¿Qué haces tú y qué no haces?

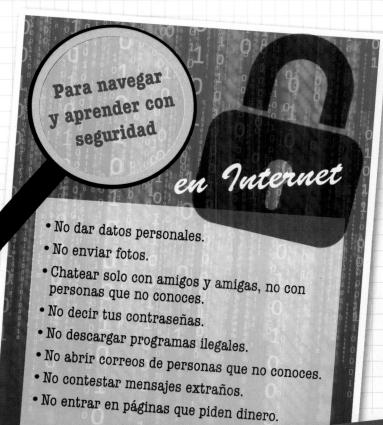

Para navegar y aprender con seguridad

en Internet

- No dar datos personales.
- No enviar fotos.
- Chatear solo con amigos y amigas, no con personas que no conoces.
- No decir tus contraseñas.
- No descargar programas ilegales.
- No abrir correos de personas que no conoces.
- No contestar mensajes extraños.
- No entrar en páginas que piden dinero.

MAGACÍN

UN INSTITUTO ESPAÑOL

1 Lee lo que escribe Lucas sobre el sistema escolar.

¡Hola!

Me llamo Lucas y tengo 12 años. Estudio 1.º de ESO (Educación Secundaria Obligatoria) en el Instituto El Greco. En España, la enseñanza es obligatoria hasta los 16 años.

En el colegio (o escuela) estudiamos:

- educación infantil (hasta los 6 años)

- educación primaria (de 6 a 12 años). De educación primaria hay seis cursos, de 1.º a 6.º.

En el instituto estudiamos:

- ESO (de 12 a 16 años). Hay cuatro cursos, de 1.º a 4.º.

- bachillerato o formación profesional (de 16 a 18 años). Hay dos cursos, 1.º y 2.º.

En la ESO el curso empieza en septiembre y termina en junio. Tenemos exámenes tres veces al año: en diciembre, en marzo y en junio. Pero los alumnos que no aprueban porque tienen menos de 5 puntos en una asignatura tienen un examen extra en septiembre.

Yo siempre apruebo Geografía e Historia y Tecnología. Son mis asignaturas favoritas.

En mi instituto hay diferentes actividades extraescolares, baloncesto los lunes, teatro los martes, y coro los jueves. Yo participo en baloncesto y coro.

¡Me gusta mi instituto!

1.º primero
2.º segundo
3.º tercero
4.º cuarto
5.º quinto
6.º sexto

2 Elige tres de estas preguntas sobre Lucas y las haces a tres compañeros.

1 ¿En qué curso está?

2 ¿Estudia en un colegio o en un instituto?

3 ¿Cuáles son sus asignaturas favoritas?

4 ¿Cuántos idiomas estudia?

5 ¿Qué días tiene actividades extraescolares?

Instituto El Greco

Informe de la evaluación
Segunda del 1.° Curso
Educación Secundaria Obligatoria (ESO)

MATERIAS	CALIFICACIÓN
Ciencias Sociales: Geografía e Historia	7,5
Tecnología	7
Matemáticas	6,5
Lengua Extranjera: Inglés	7
Lengua y Literatura	8
Educación Plástica y Visual	5
Ciencias de la Naturaleza	3,5
Música	8,5
Educación Física	8,5

Alumno: Lucas Pérez Martín

3 Observa las notas de Lucas y explica qué notas tienes tú.

0 - 4	Insuficiente		Suspenso
5	Suficiente		Aprobado
6	Bien		
7 - 8	Notable		
9 - 10	Sobresaliente		

LAS VACACIONES

NAVIDAD

En Navidad tenemos 3 semanas (desde el 20 o 21 de diciembre hasta el 7 de enero).

SEMANA SANTA

VERANO

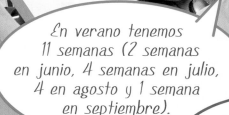

En verano tenemos 11 semanas (2 semanas en junio, 4 semanas en julio, 4 en agosto y 1 semana en septiembre).

En Semana Santa tenemos una semana. En marzo o abril.

PROYECTO cultural

A1 DELE

Prepara una presentación oral sobre tu instituto ideal.

◆ Qué horario tiene.
◆ Qué asignaturas ofrece.
◆ Qué actividades extraescolares tiene y cuándo.
◆ Cuándo son las vacaciones.

¿Cómo es tu familia?

Objetivos

1 Presentar a tu familia

2 Decir qué haces cada día

3 Hablar de tus gustos y aficiones

▶ **LÉXICO**

✓ Los miembros de la familia
✓ Las actividades cotidianas

▶ **COMUNICACIÓN**

✓ Presentas a tu familia
✓ Hablas de tus actividades cotidianas
✓ Explicas tus gustos y aficiones

▶ **GRAMÁTICA**

● Los posesivos: *mi/s*, *tu/s*, *su/s*, *nuestro/a/s*, *vuestro/a/s*, *su/s*
● Los verbos *levantarse*, *acostarse*, *vestirse*, *volver*...
● El verbo *ir*
● El verbo *gustar*

Vivir en sociedad

∴ **Las tareas domésticas**

ÁREA de Ciencias de la Naturaleza

∴ **Los animales tienen derechos**

MAGACÍN

∴ **Nombres y apellidos españoles e hispanos**
∴ **Proyecto cultural**

> Mi familia es pequeña.
> Mi [ ] se llama Jacobo y mi [ ],
> Patricia. Tengo una [ ], se llama
> Nuria y tiene 7 años.

1 Lee y completa con estas palabras.

padre madre hermana

Manuel

MI FAMILIA

ACTIVIDADES COTIDIANAS

2 Observa las fotos y relaciona cada una con la frase correspondiente.

1 Hago los deberes a las 17:30. [ ]
2 Me levanto a las 7:00. [ ]
3 Como con mi familia a la 14:00. [ ]

a

b

c

MIS GUSTOS

3 Escucha y marca qué le gusta a Manuel.

tuaulavirtual
PISTA 25

1

a [ ]  b [ ]

2

a [ ] b [ ]

3

a [ ] b [ ]

10 Mi familia

Jacobo

Patricia

Gustavo

María

Lucía

Pedro

A — Por la mañana

☐ ducharse   ☐ desayunar

☐ vestirse   ☐ levantarse

B — Por la tarde

☐ hacer los deberes   ☐ merendar

☐ ir a patinar   ☐ comer

La familia de Manuel

CE. 1 (p. 16)

tuaulavirtual
PISTA **26**

1 Observa la familia de Manuel y completa las frases. Luego, escucha y comprueba.

1 Su abuelo se llama Gustavo y su abuela, ⬚.
2 Su padre se llama ⬚ y su madre se llama Patricia.
3 Su tío se llama ⬚ y su tía, Lucía. Tiene un primo, David, y una prima, se llama ⬚.
4 Manuel tiene una hermana. Se llama ⬚.

Manuel

Nuria

Natalia

David

2 Completa las frases con estas palabras.

1 Patricia es la ⬚ de Manuel.
2 Pedro es el ⬚ de Nuria.
3 María es la ⬚ de David.
4 David es el ⬚ de Natalia.
5 Nuria es la ⬚ de David.
6 Jacobo es ⬚ de Manuel.
7 Gustavo es el ⬚ de David.

tío
hermano
abuelo
padre
madre
prima
abuela

Las actividades cotidianas

CE. 2 (p. 16)

tuaulavirtual
PISTA **27**

3 Escucha qué hacen estos chicos y relaciona cada actividad con la foto adecuada.

4 Clasifica las actividades anteriores como en el modelo.

1 Comidas A 3 ⬚⬚⬚⬚
2 Diversión ⬚⬚⬚
3 Estudios ⬚
4 Otras ⬚⬚⬚⬚⬚⬚

C — **Por la noche**

1
2
3

☐ cenar   ☐ ver la tele   ☐ acostarse

A1 **DELE** [**Ahora tú**]

5 Elige una foto de tu familia y preséntala en clase.

11 Mi día a día

Manuel participa en un foro de estudiantes

1 Escucha y lee lo que escribe Manuel.

tuaulavirtual
PISTA **28**

¿Cuáles son las rutinas diarias de los estudiantes del mundo entero?

Participa y descubre cómo viven los adolescentes de tu misma edad

Me llamo Manuel y vivo en Salamanca, tengo una hermana, Nuria. Todos los días me levanto a las 7:00, me ducho y me visto. Mi hermana y yo desayunamos con nuestra madre. Luego, vamos los dos al instituto. Bueno, mi hermana va al colegio y yo al instituto. Llegamos a las 8:15. A las 14:00 como con mis compañeros. A las 17:00 vuelvo a casa, meriendo y hago los deberes. Mi hermana y yo cenamos a las 21:00 con nuestros padres y vemos la tele. Mi hermana se acuesta a las 22:15 y yo me acuesto a las 22:30.

Las actividades de Manuel

2 Marca si son verdaderas (V) o falsas (F) estas afirmaciones sobre Manuel.

	V	F
1 *Se levanta a las 7:00.*	✔	
2 Desayuna con sus padres.		
3 Va con su hermana al instituto.		
4 Hace los deberes en casa.		
5 Cena con sus padres.		
6 La familia se acuesta a la misma hora.		

El presente: verbos regulares e irregulares  CE. 3, 4, 5 (pp. 17, 18)

3 Observa y conjuga los verbos en presente, como en el modelo.

ACOSTARSE		VESTIRSE	MERENDAR	IR	VOLVER
(yo)	me acuesto	me visto	meriendo	voy	vuelvo
(tú)	te acuestas	te vistes	meriendas	vas	vuelves
(Ud., él, ella)	se acuesta	se viste	merienda	va	vuelve
(nosotros/as)	nos acostamos	nos vestimos	merendamos	vamos	volvemos
(vosotros/as)	os acostáis	os vestís	merendáis	vais	volvéis
(Uds., ellos/as)	se acuestan	se visten	meriendan	van	vuelven

1 ir al instituto, yo *voy*

2 volver a casa, nosotros ☐

3 merendar un bocadillo, tú ☐

4 ver la tele, vosotros ☐

5 vestirse a las 8:30, ellos ☐

6 hacer los deberes, ella ☐

7 acostarse a las 22:00, yo ☐

8 levantarse a las 9:00, ellos ☐

9 cenar a las 21:00, nosotros ☐

10 ir al instituto en bici, tú ☐

11 desayunar leche con cereales, él ☐

12 comer en el instituto, yo ☐

Los posesivos  CE. 6 (p. 18)

4 Completa con estos posesivos.

tus · su · sus · mis · vuestras · nuestra · vuestro · nuestros · mi · su

(yo)
(tú)
(Ud., él, ella)
(nosotros/as)
(vosotros/as)
(Uds., ellos/as)

LOS POSESIVOS

masculino		femenino	
singular	plural	singular	plural
mi			mis
tu		tu	tus
	sus	su	
nuestro			nuestras
	vuestros	vuestra	
su	sus		sus

5 Lee el foro otra vez y subraya los posesivos.

6 Escribe frases como en el modelo.

1 yo, el amigo   *Es mi amigo.* ....

2 él, la regla   ....

3 ellas, los padres   ....

4 tú, los móviles   ....

5 nosotros, los perros ....

6 vosotras, la madre ....

[Ahora tú] A1 DELE

7 Escribe un artículo para el foro como el de Manuel. Indica las horas y con quién realizas cada actividad.

Mis gustos y aficiones

Manuel hace un póster sobre sus aficiones

Los gustos de Manuel

1 Relaciona cada foto con la palabra adecuada.

1 tocar la guitarra   2 patinar   3 el chocolate   4 hacer surf   5 el invierno

6 los helados de vainilla   7 los perros   8 dibujar   9 las fresas   10 el fútbol

2 Escucha lo que dice Manuel y marca *me gusta/n* 😎, *no me gusta/n* 😠.

tuaulavirtual
PISTA **29**

	me gusta/n	no me gusta/n			me gusta/n	no me gusta/n
1 tocar la guitarra		/	6 el invierno		/	
2 patinar		/	7 hacer surf		/	
3 el chocolate		/	8 dibujar		/	
4 las fresas		/	9 los perros		/	
5 los helados de vainilla		/	10 el fútbol		/	

El verbo *gustar* CE. 7, 9 (pp. 18, 19)

3 Completa con la información del póster.

a mí	me
a ti	te
a Ud., a él, a ella	le
a nosotros/as	nos
a vosotros/as	os
a Uds., a ellos/as	les

gust**a** → nombre singular

infinitivo
.... / ....
.... / ....

nombre singular
.... / ....
....

gust**an** → nombre plural

nombre plural
.... / ....
....

¿Qué te gusta? CE. 8 (p. 19)

4 Completa las frases con *gusta* o *gustan*.

1 Nos **gusta** escuchar música.

2 Nos [____] los gatos.

3 A Lola le [____] el otoño.

4 A mis amigos les [____] leer.

5 ¿Te [____] los ordenadores?

6 ¿Os [____] las fiestas?

7 A Iván le [____] la Geografía.

8 ¿No te [____] las Matemáticas?

9 No me [____] la natación.

10 Me [____] ver la tele.

5 Escucha y completa con la letra correcta: **a** = *le gusta(n)* / **b** = *no le gusta(n)*.
Luego, escribe la frase, como en el modelo.

tuaulavirtual
PISTA **30**

1 [a] le gustan

2 [ ] ....

3 [ ] ....

4 [ ] ....

-- [**Ahora tú**] -- **A1** DELE

6 Confecciona un póster como el de Manuel.
Explica en clase las cosas que te gustan y
las cosas que no te gustan.

Me gusta hacer selfies.

5 [ ] ....

6 [ ] ....

Repasas
la gramática

Escribe las respuestas en tu cuaderno

El presente

1 Conjuga los verbos en presente.

acostarse	1 yo _____
	2 él _____
	3 nosotros _____

vestirse	4 tú _____
	5 ellos _____
	6 vosotros _____

merendar	7 yo _____
	8 ustedes _____
	9 vosotros _____

ir	10 yo _____
	11 tú _____
	12 nosotros _____

volver	13 ellos _____
	14 nosotros _____
	15 tú _____

2 Lee lo que hace Marta cada día.
Escribe los verbos en la forma correcta.

1 Marta levantarse .... a las 7:25.

2 Luego, ducharse .... y vestirse.................

3 Desayunar .... con su madre y su hermano.

4 (Ella y sus compañeros) Llegar .... al instituto a las 7:45.

5 (Ella y sus compañeros) Comer .... en el instituto.

6 Por la tarde, (ella y su amiga) volver .... a casa a las 17:30.

7 En casa, merendar ...., hablar .... con sus padres, ver .... la tele y hacer .... los deberes.

8 Cenar .... a las 21:00.

9 Leer .... un cómic y acostarse .... a las 22:30.

Los posesivos

3 Escribe las palabras con los adjetivos posesivos como en el modelo.

1 yo `mi tableta`   2 nosotros [ ]   3 tú [ ]   4 Alejandro [ ]

5 Cristina [ ]   6 yo [ ]   7 tú [ ]   8 Lola [ ]

9 tú [ ]   10 vosotros [ ]   11 nosotros [ ]   12 ellos [ ]

El verbo *gustar*

4 Escribe los pronombres personales y termina las frases.

1 *A nosotros* `nos` *gusta*   a   helados de fresa.
2 A Celeste no [ ] gustan   b   en bici.
3 A mí [ ] gusta el   c   al instituto en bici.
4 A tus amigos [ ] gustan los   d   baloncesto.
5 A ti [ ] gusta hablar   e   la tele.
6 A vosotros [ ] gusta montar   f   *dibujar*.
7 A mí [ ] gusta ver   g   arañas.
8 A Carlos [ ] gustan las   h   con tus amigos.
9 A ti [ ] gusta ir   i   las Matemáticas.

Vivir en sociedad

Tareas domésticas

1 Lee el cuestionario y marca tu experiencia personal.

ENCUESTA SOBRE LAS TAREAS DOMÉSTICAS

1. ¿Quién colabora en casa?

   ☐ Yo.
   ☐ Mi hermano/a.
   ☐ Mis hermanos no colaboran, son pequeños.

2. ¿Qué tareas realizas y te gustan (1)?
   ¿Qué tareas realizas, pero no te gustan (2)?

1	2	
☐	☐	Hago la cama.
☐	☐	Pongo la mesa.
☐	☐	Lavo los platos.
☐	☐	Ayudo a preparar la comida.
☐	☐	Ordeno mi habitación.
☐	☐	Saco la basura.
☐	☐	Voy al supermercado con mi madre.

Todos colaboramos en casa

A1 DELE

2 Organiza el horario de tareas domésticas de tu familia para esta semana. Observa las fotos y completa como en el modelo. Después, explícalo en clase.

Para preguntar una palabra que no conoces:

¿Cómo se dice ••• en español?

¿Qué? *Hacer la cama*
¿Quién? *Yo*
¿Cuándo? *Todos los días*

Los animales tienen derechos

Declaración universal de los derechos del animal

Artículo 2
- Todo animal tiene derecho al respeto.
- El hombre es una especie animal, y no tiene el derecho de exterminar a los otros animales. Tiene la obligación de poner sus conocimientos al servicio de los animales.
- Todos los animales tienen derecho a los cuidados y a la protección del hombre.

Artículo 3
Ningún animal debe ser maltratado ni sufrir actos crueles.

Artículo 6
Abandonar un animal es un acto cruel y degradante.

Artículo 11
Todo acto que implica la muerte de un animal sin necesidad es un biocidio, es decir, un crimen contra la vida.

Artículo 12
- Todo acto que implica la muerte de un gran número de animales es un genocidio, es decir, un crimen contra la especie.

Artículo 13
- Un animal muerto debe ser tratado con respeto.
- Las escenas de violencia en las que los animales son víctimas deben ser prohibidas en el cine y en la televisión, excepto si tienen un valor educativo para mostrar que no se puede hacer.
- Los derechos del animal deben ser defendidos por la ley, como lo son los derechos del hombre.

1 Infórmate sobre los derechos de los animales y marca si es verdadero (V) o falso (F).

1 El hombre pertenece a la especie animal. ☐

2 Abandonar un animal está bien. ☐

3 El hombre y el animal deben ser tratados con respeto. ☐

4 En el cine y la televisión se pueden utilizar animales para escenas de violencia. ☐

5 Un biocidio es un crimen contra la vida. ☐

6 Un genocidio es un crimen contra la especie. ☐

2 Ahora, corrige las afirmaciones falsas.

3 Piensa en dos derechos más de los animales y escríbelos.

MAGACÍN

¿Español?
¡Por supuesto!

NOMBRES Y APELLIDOS
ESPAÑOLES E HISPANOS

1 ¿Sabes cuáles son los cinco nombres más comúnes en España? ¿Y en Hispanoamérica? ¿Y los apellidos más frecuentes? Infórmate.

NOMBRES

ESPAÑA	HISPANOAMÉRICA
Hugo, Daniel, Pablo, Alejandro, Álvaro.	Santiago, Mateo, Matías, Sebastián, Diego.
Lucía, María, Martina, Paula, Daniela.	Sofía, Isabella, Valentina, Camila, Valeria.

García es el apellido más común de los españoles. Después, *González* (931 906 personas), *Rodríguez* (929 877) y *Fernández* (924 010).

En Hispanoamérica, los apellidos más comunes son *González*, *Rodríguez* y *Gómez*.

Muchos apellidos que terminan en *-ez* significan 'hijo de', por ejemplo, *González* → 'hijo de Gonzalo'.

Los españoles e hispanos tienen dos apellidos. Normalmente, el primer apellido es el primer apellido del padre, y el segundo es el primer apellido de la madre. Esto es igual para hombres y mujeres, porque la mujer casada no toma el apellido de su marido.

Los apellidos tienen diferentes orígenes, por ejemplo, **oficios:** *Sillero, Herrero, Carpintero…*; **monumentos:** *Castillo, Palacios, Iglesias…*; **ciudades:** *Segovia, Toledo, Cuenca…* y también **características de personas:** *Rubio, Moreno, Alegre, Delgado…*

2

1 De los nombres de chicos y chicas anteriores, indica tus preferidos.

2 ¿Existen estos nombres en tu país?

3 ¿Cuáles son los nombres de chico y chica más frecuentes de tu clase?

4 ¿Cuántos apellidos tienes? ¿Qué apellidos son más frecuentes en tu país?

5 Busca información sobre dos famosos, uno español y otro hispano. Escribe su nombre y sus apellidos.

Raúl González Blanco

Pedro Delgado Robledo

Enrique Iglesias Preysler

Paulina Rubio Dosamantes

Fernando Torres Sanz

Amaia Salamanca Urizar

3 ¿Qué puedes decir de los apellidos de estos famosos?

EL ÁRBOL GENEALÓGICO

4 Ya sabes cómo funcionan los apellidos en España.
Completa el árbol genealógico de esta familia.

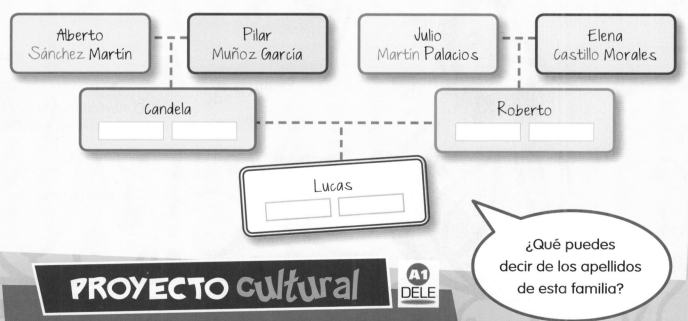

Alberto Sánchez Martín — Pilar Muñoz García   Julio Martín Palacios — Elena Castillo Morales

Candela ___ ___   Roberto ___ ___

Lucas ___ ___

¿Qué puedes decir de los apellidos de esta familia?

PROYECTO cultural

A1 DELE

Imagina que eres español.

◆ Completa tu árbol genealógico y explícalo en clase.

5 ¿Cuál es tu color favorito?

Objetivos

1 Hablar de tu color favorito

2 Decir cómo son las personas

3 Hablar del pasado

▶ **LÉXICO**

✓ Los colores
✓ Las partes del cuerpo
✓ Los números hasta 100

▶ **COMUNICACIÓN**

✓ Describes personas
✓ Dices de qué color es un objeto
✓ Cuentas actividades pasadas

▶ **GRAMÁTICA**

● El adjetivo: masculino y femenino
● Los colores: género y número
● El pretérito perfecto simple

Vivir en sociedad

∴ **El móvil: uso responsable**

ÁREA de Ciencias Sociales

∴ **Los husos horarios**

MAGACÍN

∴ **Datos curiosos sobre España e Hispanoamérica**
∴ **Proyecto cultural**

LA CARA

1 Observa las pistas y escribe los nombres de las partes de la cara.

nariz   oreja ✓

pelo

boca   ojo

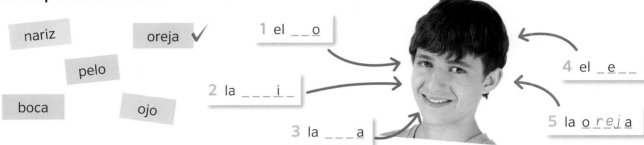

1 el _ _ o

2 la _ _ _ i _

3 la _ _ _ a

4 el _ e _ _

5 la <u>o r e j a</u>

LOS COLORES

2 Indica el color favorito de Paula.

El color favorito de Paula es:

1 el violeta ☐

2 el verde ☐

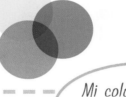

Mi color favorito es el azul + el amarillo.

LOS NÚMEROS

3 Observa los colores y completa los números.

40 cuarenta
41 cuarenta y *uno*
42 cuarenta y *dos*
43 cuarenta y [   ]
44 cuarenta y [   ]

¡Tengo 44 selfies!

LOS AMIGOS DE PAULA

4 Escribe cómo es la amiga de Paula.

Tengo dos amigos. Mario es moreno y Alicia también es [   ]

Mario

Alicia

13 Mis amigos

Paula hace una foto a sus amigos

1 Las o_____   2 Los o____   3 Las m_____   4 La n_____   5 El p____

Sergio   Alba   Marcos   Carmen   Rocío   Andrés

6 Los p____

7 Las p_____

8 La c_____

9 La b____

10 Los b_____

LOS COLORES

Sergio

1 _ z _ l

2 g _ r _ s

Alba

3 _ m _ r _ ll _

4 n _ r _ n j _

Carmen

5 r _ s _

6 m _ rr _ n

7 r _ j _

Marcos

8 v _ r d _

9 v _ _ l _ _

Rocío

10 n _ g r _

Andrés

11 b l _ n c _

El cuerpo

CE. 1 (p. 20)

1 Observa la foto de los amigos de Paula y completa solo las etiquetas en rojo con estas partes del cuerpo que conoces.

| orejas | boca | nariz | ojos | pelo |

2 Lee las pistas y completa las etiquetas que faltan.

1 El pelo está en la cabeza.

2 Tenemos dos manos* y dos brazos. Con las manos escribimos, dibujamos...

3 Tenemos dos piernas. Al final de las piernas tenemos dos pies.

* Termina en -o, pero es una palabra femenina.

3 Ahora, escucha y comprueba.

4 Clasifica las partes del cuerpo.

tuaulavirtual
PISTA **31**

1 La cabeza → los ojos...

2 El cuerpo →

Los colores

CE. 2 (p. 20)

5 Los amigos de Paula hablan de su color favorito. Escucha lo que dicen y escribe el nombre del color adecuado. Observa las pistas.

tuaulavirtual
PISTA **32**

6 Di una casilla. Tu compañero dice el color.

C1

gris

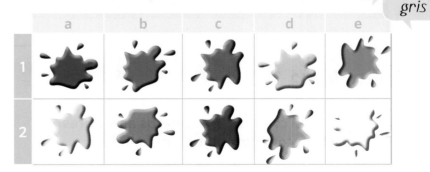

	a	b	c	d	e
1					
2					

- - -[**Ahora tú**]- - - - - - - - - - - -

7 Señala un objeto del aula. Tu compañero dice su color.

14 Los números de Paula

Paula se presenta con números

Diez, veinte, treinta...

1 Escucha y lee cómo se presenta Paula.

tuaulavirtual
PISTA **33**

1 Vivo en Madrid, en el número **94** de la calle Alcalá.

2 Mi número de móvil es el 625 **43** 71 **83**.

3 Mi número favorito es el 7**5**.

4 Soy delgada, peso **52** kilos.

5 Soy alta, mido 1 metro **61**.

6 Soy castaña y tengo el pelo liso y largo: **35** cm.

1,61 m

Así es Paula

2 Después de leer la presentación de Paula, completa la información que falta.

¿Cuánto mide?	¿Cuánto pesa?	¿Cómo tiene el pelo?	¿Cuál es su dirección?
1,61 m	.... kilos	.... y largo	calle ...., Madrid

Cuentas hasta 100 ✎ CE. 3, 4 (p. 21)

3 Observa el color de los números anteriores. Escucha y completa como en el modelo.

tuaulavirtual
PISTA **34**

30	_treinta_
40	
50	
60	

70	
80	
90	
100	cien

Los números de Paula

4 Localiza los números en la presentación de Paula y escríbelos en letras, como en el modelo.

1 *Su número de móvil 6 25 43 71*
   ochenta y tres
   ....

2 Su número favorito
   ....

3 El número de la calle
   ....

4 Su estatura, mide
   ....

5 Su peso
   ....

6 El pelo
   ....

El adjetivo: género y número

5 Completa la información con estos adjetivos.

delgado   rubias

morena   bajos

castaña   gordos

rubio   delgadas

gorda   castaños

morenas   rubios

ADJETIVOS PARA DESCRIBIR PERSONAS

singular		plural	
masculino -o	**femenino** -a	**masculino** -os	**femenino** -as
alto	alta	altos	altas
bajo	baja		bajas
gordo			gordas
	delgada	delgados	
	rubia		
castaño			castañas
moreno		morenos	
consonante: azul, marrón		+ es: azules, marrones	
-e: verde		+ s: verdes	

¿Cómo es?
CE. 5 (p. 21)

6 Observa las fotos y describe a esta persona.

1

Es moreno.
Tiene el pelo corto y liso.
Tiene los ojos azules.

2

Es ....
Tiene el pelo .... y ....
Tiene los ojos ....

¿Quién es?

7 Observa la foto y di el nombre de los chicos.

Roberto   Noemí   Rut   Carla   Hugo

1 Son altos.
2 Son delgados y morenos.
3 No tienen el pelo largo.
4 Son rubias.

Para describir, decimos:
Tiene el pelo corto ≠ largo
                  rizado ≠ liso
Tiene los ojos verdes, azules
Lleva gafas

[Ahora tú]
A1
DELE

8 Describe a un miembro de tu familia y di cuántos años tiene.

Paula te cuenta su fin de semana

Paseé con Ron

1 Escucha a Paula y lee.

tuaulavirtual
PISTA **35**

> El sábado me levanté a las 10:00 y desayuné con mis padres y mi prima Clara. Por la tarde, fui al parque con Ron. Él corrió y jugó con otros perros.

> El domingo por la mañana, salí con mis amigos. Fuimos a patinar. ¡Hice 30 fotos! Después, volví a casa a las 13:00. Por la tarde vi la tele.

> Para hablar de actividades pasadas, usamos el pretérito perfecto simple.

2 Ahora, observa las formas en rojo en el texto y relaciona con el infinitivo correspondiente.

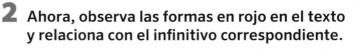

1 ir → *fuimos (es irregular)* 5 jugar → ....

2 hacer → .... 6 volver → ....

3 desayunar → .... 7 correr → ....

4 levantarse → .... 8 salir → ....

9 ver → ....

El pretérito perfecto simple CE. 6, 7, 8, 9 (p. 22)

3 Observa las formas y completa en pretérito perfecto simple.

1 desayuno [   ]
2 viven [   ]
3 coméis [   ]
4 explica [   ]
5 juegas [   ]
6 escribís [   ]
7 paseas [   ]
8 escucha [   ]
9 aprende [   ]

	DESAYUNAR	CORRER	SALIR
(yo)	desayuné	corrí	salí
(tú)	desayunaste	corriste	saliste
(Ud., él, ella)	desayunó	corrió	salió
(nosotros/as)	desayunamos	corrimos	salimos
(vosotros/as)	desayunasteis	corristeis	salisteis
(Uds., ellos/as)	desayunaron	corrieron	salieron

tuaulavirtual
PISTA **36**

4 Escucha y completa con las formas que faltan.

hicieron   fuiste   fuisteis   hice

vieron   hicimos   viste

VERBOS IRREGULARES

VER	HACER	IR
vi	[ ]	fui
[ ]	hiciste	[ ]
vio	hizo	fue
vimos	[ ]	fuimos
visteis	hicisteis	[ ]
[ ]		fueron

El domingo Paula...

5 Ordena las frases y descubre qué hizo Paula el domingo. Conjuga los verbos en pretérito perfecto simple.

> 1 *Me levanté a...*

1 las diez | desayunar | mi hermano. | y | a | Levantarse | con

2 la cama | habitación. | Luego, | mi | ordenar | hacer | y

3 a | ir (nosotras) | Llamar | y | piscina. | a Marta | la

4 y | padres. | a casa | comer (nosotras) | mis | con | Volver (nosotras) | a la una

5 la | en el | Por | música | la tarde | ver | ordenador. | y | tele | escuchar

6 preparar | y | las nueve, | Cenar | mi | mochila | a las | a | diez. | acostarse

[Ahora tú] A1 DELE

6 Explica en clase cuatro cosas que hiciste el fin de semana.

Repasas
la gramática

Escribe las respuestas en tu cuaderno

Los números (30 ▸ 100)

1 Escribe los números en letras.

55 cincuenta y cinco	**39**	**86**	**47**
91	**62**	**48**	**53**
68	**74**	**99**	**71**

El adjetivo: masculino y femenino

2 Indica el género (masculino o femenino) y el número (singular o plural) de estos adjetivos, como en el modelo.

MS = masculino singular; **MP** = masculino plural; **FS** = femenino singular; **FP** = femenino plural

1 alto .... MS	5 altas	9 morenas .	13 gordo .....
2 baja	6 liso	10 castaño	14 rizado .....
3 castaña ..	7 delgado ..	11 bajas	15 delgada ..
4 moreno ..	8 rubio	12 rubias	16 bajos ....

3 Dibuja a los amigos de Raúl en tu cuaderno.

> Selena es baja y delgada. Es morena y tiene el pelo largo y liso.

> Mario es alto y gordo. Es rubio y tiene el pelo largo y rizado.

4 Ahora, escribe los textos otra vez, pero con los adjetivos contrarios.

> Selena es alta y gorda. Es...

Los colores: género y número

5 **Completa las frases con el color correspondiente.**

1 El elefante es [ ]

2 La mariquita es [ ] y [ ]

3 Los higos son [ ]

4 El chocolate es [ ]

5 El lazo es [ ]

6 Las zanahorias son [ ]

7 Los patos son [ ]

8 El kiwi es [ ]

9 Las margaritas son [ ] y [ ]

10 El loro es [ ] y [ ]

> *Formación del femenino*
> • Terminan en –*a* → –*e*
>   consonante → no cambian
>   –*o* → –*a*
>
> *Formación del plural*
> • Terminan en vocal → + *s*
>   consonante → + *es*
>   (*marrón* → *marrones*)

El pretérito perfecto simple

6 **Completa con las formas correctas.**

	VER	HACER	SALIR	ESTUDIAR	IR
(yo)	vi	[ ]	salí	estudié	fui
(tú)	[ ]	hiciste	[ ]	[ ]	[ ]
(Ud., él, ella)	vio	[ ]	[ ]	estudió	[ ]
(nosotros/as)	[ ]	hicimos	[ ]	[ ]	[ ]
(vosotros/as)	[ ]	[ ]	salisteis	estudiasteis	fuisteis
(Uds., ellos/as)	[ ]	[ ]	[ ]	[ ]	[ ]

7 **Escribe las frases en pretérito perfecto simple.**

El domingo

1 (Yo) _____ con mi perro.

2 Mis padres _____

3 (Tú) _____ .

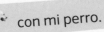

4 (Vosotros) _____ a las 14:00 con vuestros abuelos.

5 Mis amigos y yo _____ .

6 (Yo) _____ .

Vivir en sociedad

Teléfono móvil, ¿dónde y cuándo?

Hoy, casi todos los adolescentes españoles tienen un móvil: para hablar, sacar fotos, escuchar música, mandar mensajes, navegar por la web, jugar con aplicaciones, ver vídeos...

1 **Contesta a estas preguntas.**

> *Usamos para + infinitivo para expresar finalidad.*

1 Y tú, ¿para qué lo usas?
2 ¿Cuántas veces lo consultas al día?
3 ¿Quién paga las facturas?
4 ¿Tus padres controlan tu uso del móvil? ¿Cuándo?
5 ¿Piensas que los padres deben o no deben controlar a sus hijos?
6 ¿Qué no tienes derecho a hacer con tu móvil?

¿Estás enganchado/a al móvil?

		SÍ	NO
1	Mis amigos y mi familia dicen que estoy todo el día «colgado» del móvil.	☐	☐
2	Llamo a mis amigos o envío mensajes de forma mecánica, casi sin pensarlo.	☐	☐
3	Cuando el móvil suena, tengo que responder, incluso en situaciones que no son apropiadas. Necesito saber quién me llama y qué quiere decirme.	☐	☐
4	Siempre estoy mirando mi móvil para ver si mis amigos me llaman o me mandan un mensaje.	☐	☐
5	Cuando estoy en casa (incluso en el baño), siempre tengo el móvil en la mano. No me separo de él.	☐	☐
6	A veces cuando estoy comiendo o hago otras cosas, uso el móvil.	☐	☐
7	Normalmente uso el móvil para relacionarme con mis amigos, para conversar con ellos, para quedar.	☐	☐
8	Para mí es más fácil hablar y comunicarme a través del móvil que en persona.	☐	☐
9	Si olvido el móvil, o no puedo tenerlo encendido, estoy nervioso.	☐	☐
10	Mis padres dicen que gasto mucho en llamadas y se enfadan conmigo.	☐	☐

2 **Lee estas afirmaciones y marca *sí* o *no*. Después, suma las afirmativas y lee el resultado.**

Resultado

► **0 respuestas afirmativas.** Está claro que no estás enganchado. Solo usas el móvil cuando lo necesitas. Usas el móvil de forma responsable.

► **2 o 3 respuestas afirmativas.** Oh, oh, empiezas a tener síntomas de estar «enganchado» más de lo normal, pero no estás «enganchado» completamente. Este es el momento de reflexionar sobre cómo y cuándo usas el móvil.

► **4, 5 o 6 respuestas afirmativas.** El móvil se ha convertido en el centro de tu vida. Atención, porque te estás alejando de las personas que tienes al lado.

► **7 o más respuestas afirmativas.** Es verdad que el móvil es un invento maravilloso que sirve para comunicarse con otros y te da libertad, pero debes cambiar tus hábitos y aprender a usarlo de forma responsable, porque ya eres un adicto al móvil. Reflexiona sobre tu situación.

Las horas y los países

Los husos horarios son cada uno de los **24 sectores** en que se divide la superficie de la Tierra. Son el resultado de **repartir** los 360° de la esfera terrestre entre las **24 horas** que necesita para dar una **vuelta** completa sobre su propio eje.

Cada huso horario **mide 15 grados** (360° / 24 horas = 15°). 15° = 1 hora.

Para saber qué hora es en una ciudad, tienes que tomar como referencia el meridiano 0 (**Greenwich**). Después, tienes que **sumar** (+) una hora por cada huso horario hacia el **este** y **restar** (−) una hora por cada huso hacia el **oeste**.

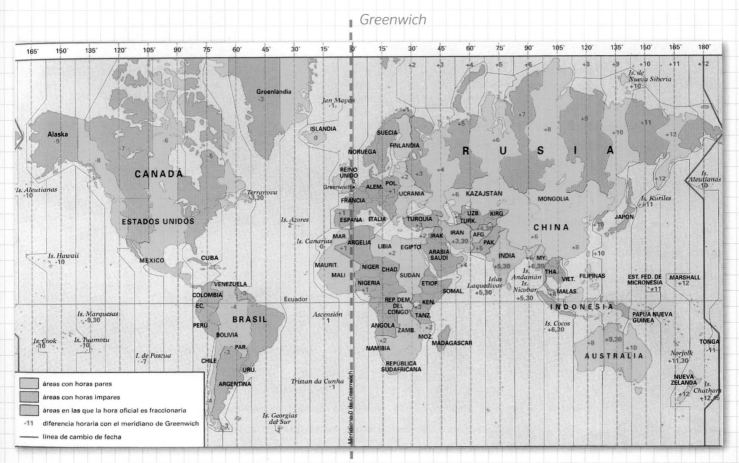

Greenwich

¿Qué hora es?

1 **Localiza en el mapa estas ciudades:** Madrid, Londres, El Cairo, Roma, Nueva York, Buenos Aires, Río de Janeiro, Montreal, Sídney.

2 **Contesta las siguientes preguntas:**

   a. Si en Madrid son las 20:00 h, ¿qué hora es en las ciudades anteriores?

   b. ¿Qué hora es en tu ciudad?

MAGACÍN

¿Español?
¡Por supuesto!

DATOS CURIOSOS SOBRE ESPAÑA E HISPANOAMÉRICA

1 Lee y completa la información con los números que faltan.

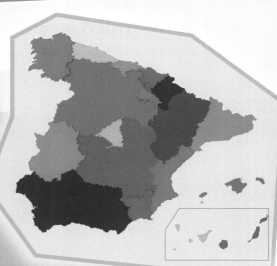

España

46   4   85   17

- Tiene ☐ millones de habitantes.
- Tiene **44** bienes declarados Patrimonio de la Humanidad por la Unesco.
- Los hombres viven **79** años y las mujeres, ☐.
- Tiene **34** ríos.
- Tiene ☐ idiomas oficiales.
- Tiene ☐ comunidades autónomas.
- **58** millones de extranjeros visitan España cada año.

Hispanoamérica

7   20   400   6

- Se compone de ☐ países.
- La población total es de ☐ millones de habitantes.
- Además del español, hablan ☐ lenguas: el guaraní, aimara, quechua, náhuatl, maya, wayú y mapudungún.
- Ecuador tiene **2** bienes declarados Patrimonio de la Humanidad: la ciudad de Quito y las Islas Galápagos.
- México es el **6°** país con más sitios declarados Patrimonio de la Humanidad.
- Los países más turísticos de Hispanoamérica son ☐: México, Panamá, Costa Rica, Chile, Argentina y Perú.

El español

- Es lengua oficial en **21** países del mundo.
- El **6,7** % de la población mundial es hispanohablante.
- **20** millones de alumnos estudian español como lengua extranjera.
- El **7,8** % de los usuarios de Internet se comunican en español.

2 Lee estas frases y relaciona cada una con un tema.

Temas: Geografía (**G**), Personas (**P**), Lengua (**L**)

- El río Tajo y el río Guadalquivir .... **G**
- España, Perú, México, Argentina, Guinea Ecuatorial… .... ☐
- La Alhambra de Granada. La catedral de Burgos. El acueducto de Segovia .... ☐
- El castellano, el vasco, el catalán y el gallego.... ☐
- Mexicanos, ecuatorianos, chilenos, argentinos, venezolanos…............................ ☐

La Alhambra, Granada

Catedral de Burgos

El río Tajo, Toledo

El acueducto, Segovia

Machu Picchu, Perú

El río Guadalquivir, Sevilla

Barrio de La Boca, Buenos Aires

Plaza del Zócalo, México

3 Con tu compañero, busca el nombre de:

1 Dos ciudades Patrimonio de la Humanidad españolas y dos hispanas.
2 Tres ríos españoles y tres de Hispanoamérica.
3 Cinco países hispanohablantes.
4 Tres comunidades autónomas.
5 Siete provincias españolas.

PROYECTO cultural

Prepara una presentación sobre tu país. Habla sobre:

A1 DELE

- Cuántos habitantes tiene.
- Cuál es su división territorial.
- Cuántas lenguas se hablan y dónde.
- Cuántas personas hablan tu idioma en el mundo.
- Dos bienes Patrimonio de la Humanidad.

6 ¿Cómo es tu casa?

Objetivos

1 Decir cómo es tu piso

2 Describir tu dormitorio

3 Hablar de planes futuros

▶ **LÉXICO**
- ✓ Las partes de un piso
- ✓ Los muebles de un dormitorio

▶ **COMUNICACIÓN**
- ✓ Describes tu piso
- ✓ Explicas qué hay en tu dormitorio
- ✓ Hablas de tus planes futuros

▶ **GRAMÁTICA**
- Hay/Está(n)
- Ir a + infinitivo
- Los demostrativos: este/a, ese/a, aquel/aquella...
- Los adverbios de lugar: aquí, ahí, allí

Vivir en sociedad
∴ La paga semanal

ÁREA Educación Plástica y Visual
∴ Materiales y objetos

MAGACÍN
∴ Destino de vacaciones
∴ Proyecto cultural

MI CASA

1 Lee las pistas y elige la opción correcta.
¿Qué parte de la casa es?

PISTAS

▸ En la cocina comemos.
▸ En el baño nos duchamos.
▸ En el salón vemos la tele.

1 a cocina
   b baño

2 a salón
   b baño

3 a salón
   b cocina

2 Lee la descripción y completa con
el nombre de cada objeto.

MI DORMITORIO

1 ....

4 ....

2 ....

3 ....

Este es mi dormitorio. El ordenador está sobre el escritorio. La cama está a la derecha. Hay libros en la estantería. Hay una silla delante del escritorio.

MIS PLANES

3 Relaciona los planes de David
con la foto adecuada.

1 Voy a hacer fotos. ☐
2 Voy a ir de acampada. ☐
3 Voy a hacer surf. ☐

a

b

c

David

16 Vivo con mis padres

Hola,
me llamo David.
Vivo en un piso
con mis padres y
mi hermano.

Este es mi hámster.
Se llama Queno.

1 el _ _ _ _ d _ _

2 el p _ _ _ _ _ o

3 la _ _ _ _ _ a

4 el s _ _ ó _

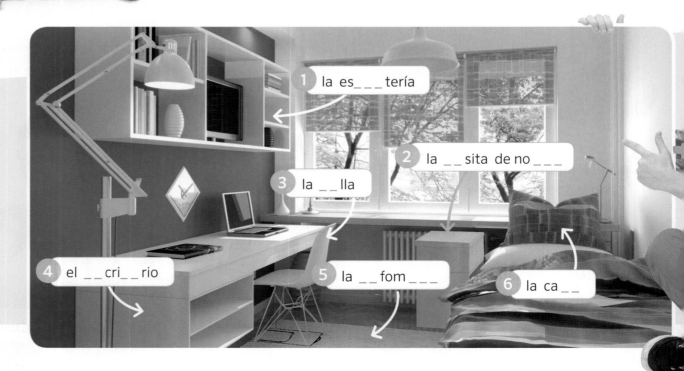

1 la es_ _ _ tería

2 la _ _ sita de no _ _ _

3 la _ _ lla

4 el _ _ cri_ _ rio

5 la _ _ fom _ _ _

6 la ca _ _

5 el _ _ _ _ _ _ o _ _ _

6 el _ _ _ _ _ _ de _ _ _ _

7 la _ _ _ _ _ _ a

El piso  CE. 1 (p. 23)

1 Encuentra los nombres en la sopa de letras.

terraza ✓   cuarto de baño   cocina   salón

comedor   pasillo   dormitorio

C	M	A	G	T	E	R	R	A	Z	A	Y	E	Ñ
G	A	P	E	L	I	V	R	U	I	R	S	U	C
C	U	A	R	T	O	G	D	E	M	B	A	Ñ	O
Y	Ñ	S	U	V	I	T	R	A	M	O	L	K	M
H	K	I	V	C	O	C	I	N	A	E	Ó	A	E
O	R	L	R	A	T	M	F	A	R	T	N	M	D
L	E	L	I	R	K	O	G	Ñ	A	U	I	V	O
T	D	O	R	M	I	T	O	R	I	O	L	E	R

2 Escribe ahora los nombres anteriores debajo de la foto adecuada.

3 ¿Dónde haces estas actividades? Explícalo en clase.

escuchar música   estudiar   ver la tele   comer

desayunar   vestirse   leer   hacer los deberes

El dormitorio  CE. 2 (p. 24)

El dormitorio de mi hermano.

4 Escucha y completa el nombre de los muebles con estas sílabas.

tuaulavirtual
PISTA **37**

 al   es   tan   ma   che

si   me   bra   to

[**Ahora tú**]
A1
DELE

5 Di qué muebles hay en tu dormitorio y de qué color son.

En mi dormitorio hay un armario verde.

17 Vivo en ese piso

David describe dónde vive

En mi piso hay...

1 Escucha la descripción del piso de David. Después, señala el piso correcto.

tuaulavirtual

PISTA **38**

1

2

Yo vivo ahí, en ese piso.

Expresar existencia: *hay*

2 Ahora, completa con la información anterior.

En casa de David hay

▸ un _____ / una _____

▸ dos _____ / tres _____

▸ No hay un _____

Para hablar de la existencia usamos *hay*.
En mi casa *hay dos baños*.

¿Qué hay? ¿Dónde está(n)?  CE. 3 (p. 24)

3 **Lee las afirmaciones, observa la foto y marca si son verdaderas (V) o falsas (F).**

	V	F
1 Delante del escritorio hay una silla.		
2 La silla está detrás del balón.		
3 La guitarra está debajo de la cama.		
4 Hay una silla a la izquierda de la cama.		
5 En la estantería hay libros.		

Hay + un/una + nombre
Hay + nombre plural
El/la/los/las + está(n)

Los demostrativos y los adverbios de lugar  CE. 4 (p. 24)

4 **Lee y observa la distancia entre los objetos y los amigos. Después, completa el cuadro.**

Este ordenador es nuevo. ¿Y esa tableta es nueva también?

No, esta tableta es de mi padre y no es nueva.

Aquella guitarra sí es nueva y es fantástica.

LOS OBJETOS, PERSONAS O ANIMALES ESTÁN...			
	cerca: *aquí*	no muy lejos: *ahí*	lejos: *allí*
masculino	/ estos	ese / esos	aquel / aquellos
femenino	/ estas	/ esas	/ aquellas

5 **Di un número. Tu compañero forma una frase como en el modelo.**

El 1

Aquella tableta está allí.

alli

ahí

aquí

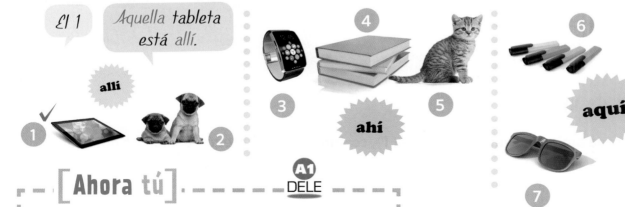

[**Ahora tú**]

A1
DELE

6 **Dibuja un plano de tu dormitorio o de tu casa. Explícalo a tu compañero.**

18 Planes para el verano

David enseña a Tomás dónde va de vacaciones

¿Qué vas a hacer?

tuaulavirtual
PISTA **39**

1 Observa la página web. Escucha y lee la conversación entre estos amigos.

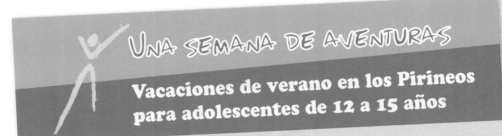

UNA SEMANA DE AVENTURAS

Vacaciones de verano en los Pirineos para adolescentes de 12 a 15 años

David ¿Qué vas a hacer este verano, Tomás?

Tomás Pues voy a ir a casa de mis tíos, viven en Santander. Mis primos y yo vamos a ir a la playa.

David ¿Vas a hacer surf?

Tomás ¡Claro!, con mi prima. Y el 16 de agosto es el cumpleaños de mi primo y va a organizar una fiesta con sus amigos. Vamos a bailar mucho. Y tú, ¿qué vas a hacer?

David Yo, en julio, voy a ir a un campamento en los Pirineos. Mira la web... ¿te gustan las actividades?

Tomás ¡Son geniales! ¡Vas a jugar al baloncesto! ¡Qué suerte tienes, David!

David Sí, también voy a montar a caballo, voy a hacer actividades de multiaventura y voy a nadar en el lago...

Baloncesto

En el lago

Montar a caballo

Multiaventura

Actividades de verano

2 Relaciona cada amigo, David (D) o Tomás (T), con una actividad según el diálogo anterior.

| montar a caballo ☐ | nadar ☐ | jugar al baloncesto ☐ | bailar ☐ | ir a Santander ☐ |

| hacer surf ☐ | ir a la playa ☐ | hacer actividades de multiaventura ☐ | ir a los Pirineos ☐ |

Expresar planes: *ir a* + infinitivo  CE. 5 (p. 25)

3 **Escribe las formas del verbo *ir* y los infinitivos de la actividad 1.**

> Para hablar de planes futuros usamos *ir a* + infinitivo.
> *Voy a ir a la playa.*

1 ¿Qué *vas a hacer este verano?*

2 (yo) ☐ a ☐ a caballo.

3 (Ud., él, ella) ☐ a ☐ en un lago.

4 (nosotros/as) ☐ a ☐ multiaventura.

5 (vosotros/as) ☐ a ☐ a la playa.

6 (Uds., ellos/as) ☐ a ☐ surf.

¿CUÁNDO?

- Hoy
- A las dos, a las tres...
- Esta mañana, esta tarde, esta noche
- Mañana
- El lunes, el martes...
- Este fin de semana, este verano...
- En enero, en febrero, en marzo...

¿Cuándo? CE. 6 (p. 25)

4 **Conjuga los verbos y termina las frases como en el modelo.**

1 Hoy (ver, yo) *Hoy voy a ver una película con mis amigos.* ——— una película con mis amigos. ✓

2 Mañana (montar, yo) ....

3 A las seis (jugar, Raúl y Paula) .... — helados de chocolate.

4 El lunes (bailar, tú) ....

5 En agosto (nadar, nosotros) .... — surf en San Sebastián.

6 En julio (hacer, José) ....

7 Esta tarde (comer, vosotros) .... — música en tu móvil.

8 Esta mañana (pasear, mi madre) ....

9 Este fin de semana (ir, nosotros) .... — en bici con mi hermano.

10 El domingo (escuchar, tú) ....

A1 DELE

[Ahora tú]

5 **Explica qué planes tienes para el verano.**

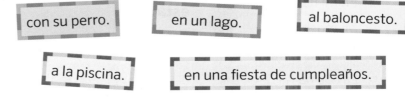

con su perro.   en un lago.   al baloncesto.

a la piscina.   en una fiesta de cumpleaños.

Repasas
la gramática

Hay/Está(n)

1 Completa la regla con el ejemplo adecuado.

1 Mi gato está sobre la cama.
2 Los libros están en la mochila.
3 Hay tres lápices sobre la mesa.

4 Hay una terraza en la casa.
5 Hay libros en la estantería.
6 Quique está en la habitación.

HAY → INDICA EXISTENCIA	ESTÁ/ESTÁN → INDICAN SITUACIÓN
▸ hay + un/una + nombre	▸ el/la, los/las + nombre + está(n) ....
▸ hay + nombre plural	▸ persona(s) + está(n) ....
▸ hay + número + nombre plural	▸ posesivo + nombre + está(n) ....

* Puedes cambiar el orden de las palabras.
Hay una terraza en la casa. = En la casa hay una terraza.

2 Completa las frases con *hay*, *está* o *están*.

1 En mi casa [ ] una terraza.
2 Alejandro [ ] en su habitación.
3 En la estantería [ ] cómics.
4 El ordenador [ ] al lado de los diccionarios.

5 ¿Dónde [ ] mi libro?
6 ¿En tu aula [ ] una pizarra digital?
7 Mis amigos [ ] en el parque.
8 [ ] tres lápices sobre la mesa.

3 ¿Cuántas frases puedes formar? Une con flechas.
Luego, cambia el orden de las palabras de las frases con *hay*.

▸ *En mi instituto hay dos laboratorios./Hay dos laboratorios en mi instituto.*

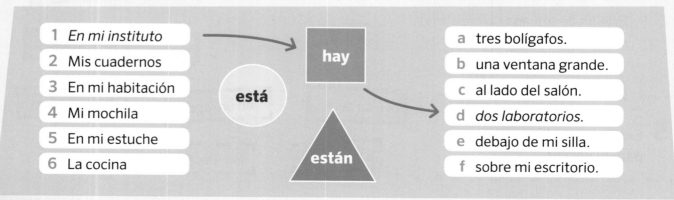

1 *En mi instituto*
2 Mis cuadernos
3 En mi habitación
4 Mi mochila
5 En mi estuche
6 La cocina

está
hay
están

a tres bolígafos.
b una ventana grande.
c al lado del salón.
d *dos laboratorios.*
e debajo de mi silla.
f sobre mi escritorio.

Los demostrativos y los adverbios de lugar

4 Transforma las frases, como en el modelo.

1 *El diccionario está* aquí. *Este diccionario.*
2 Los alumnos están allí. ....
3 La mesa está ahí. ....
4 Las casas están allí. ....
5 Los perros están aquí. ....
6 El parque está ahí. ....
7 Los profesores están allí. ....
8 La tableta está aquí. ....

Ir a + infinitivo

5 Conjuga los verbos, como en el modelo.

1 *nadar en el mar,* nosotros
   Vamos a nadar en el mar.

2 hacer los deberes, tú
   ....

3 montar en bici, Bea y Sofía
   ....

4 navegar por Internet, vosotros
   ....

5 patinar en el parque, Andrea
   ....

6 leer un texto, yo
   ....

7 merendar con Miguel, yo
   ....

8 escuchar música en mi habitación, nosotros
   ....

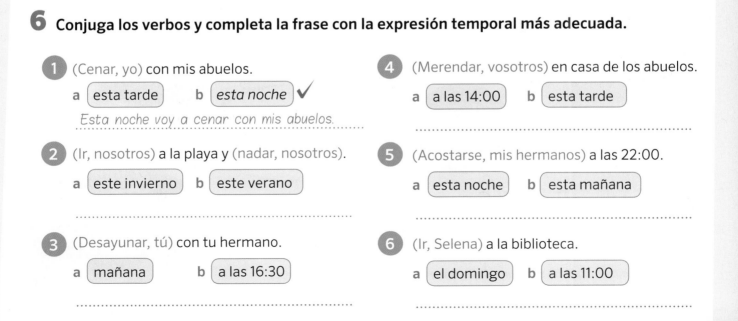

6 Conjuga los verbos y completa la frase con la expresión temporal más adecuada.

1 (Cenar, yo) con mis abuelos.
   a esta tarde   b esta noche ✔
   Esta noche voy a cenar con mis abuelos.

2 (Ir, nosotros) a la playa y (nadar, nosotros).
   a este invierno   b este verano
   ....

3 (Desayunar, tú) con tu hermano.
   a mañana   b a las 16:30
   ....

4 (Merendar, vosotros) en casa de los abuelos.
   a a las 14:00   b esta tarde
   ....

5 (Acostarse, mis hermanos) a las 22:00.
   a esta noche   b esta mañana
   ....

6 (Ir, Selena) a la biblioteca.
   a el domingo   b a las 11:00
   ....

Vivir en sociedad

Adolescentes y consumo

1 Infórmate sobre cómo reciben dinero los adolescentes españoles.

«¡Mamá, papá, quiero mi paga!»

Esta es una de las frases favoritas de los adolescentes españoles.

Según una encuesta realizada a 2 000 adolescentes de toda España, los jóvenes de entre 12 y 16 años reciben 40 € de paga por mes.

Hay padres que dan dinero a sus hijos cuando necesitan comprar algo específico; otros padres dan dinero de forma regular y otros, por colaborar en casa.

A veces, los adolescentes reciben dinero de los abuelos, en Navidades y el día de su cumpleaños.

Con este dinero, los adolescentes compran ropa, comida rápida, móviles, videojuegos, golosinas, refrescos, bisutería, revistas...

Por otro lado, el objetivo de la paga es terminar con las necesidades de los hijos y acostumbrar a los adolescentes a administrar el dinero.

2 Pregunta a tus compañeros sobre su paga. Usa estos interrogativos, como en el modelo.

¿Qué? ¿Quién? ¿Cuál es?

¿Cuántos? ¿Cuándo?

Y tú, ¿qué vas a comprar?

Yo con mi paga voy a comprar un dron.

3 Haz un póster con las cosas que te gusta comprar con tu paga mensual (del mes). Escribe el precio de cada objeto.

(Si la moneda de tu país no es el euro (€), la conviertes con la ayuda de tu profesor)

Objetos y materiales

1 **Lee la definición y clasifica los materiales en el lugar adecuado.**

Los materiales son los elementos utilizados para fabricar objetos.

Estos materiales pueden ser naturales o artificiales.

• **Naturales:** se extraen de la naturaleza. El hombre no los ha transformado.

• **Artificiales:** el hombre los ha fabricado.

Para fabricar algunos objetos se pueden utilizar diferentes materiales.

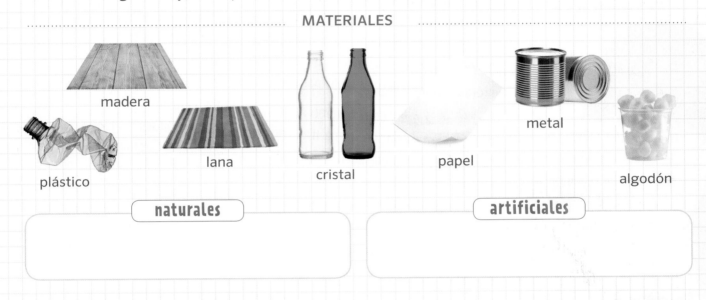

MATERIALES

madera

lana

cristal

papel

metal

plástico

algodón

naturales

artificiales

2 **Ahora, indica de qué material o materiales están hechos estos objetos.**

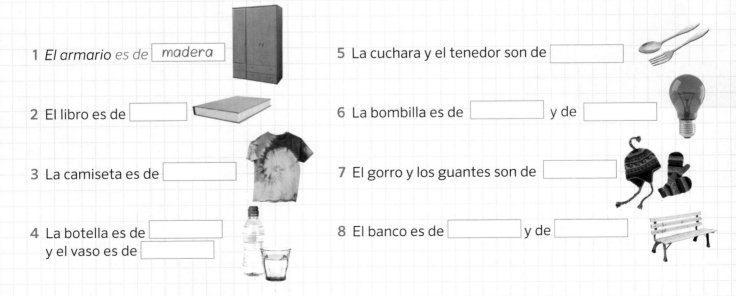

1 *El armario es de* [madera]

2 El libro es de [ ]

3 La camiseta es de [ ]

4 La botella es de [ ]
 y el vaso es de [ ]

5 La cuchara y el tenedor son de [ ]

6 La bombilla es de [ ] y de [ ]

7 El gorro y los guantes son de [ ]

8 El banco es de [ ] y de [ ]

3 **Di el nombre de un objeto del aula o de tu casa e indica de qué está hecho.**

MAGACÍN

DESTINO DE VACACIONES

1 Lee qué explica Inés sobre sus vacaciones.

¡Es viernes y son las vacaciones de verano! Mi familia y yo vamos a ir de vacaciones a Tenerife, a casa de mis abuelos. Viven en La Laguna, una ciudad con una famosa universidad, por eso hay muchos estudiantes. En las calles del centro siempre hay mucha gente. Esta ciudad también tiene edificios históricos antiguos y es Patrimonio de la Humanidad por la Unesco.

Tenerife es una isla en el océano Atlántico, a 1000 km de la península ibérica y a 300 km de África. Tiene tres zonas turísticas. En el sur hay playas magníficas para hacer surf. En el norte está el valle de la Orotava con muchos jardines. Cerca del valle de la Orotava está el parque nacional del Teide, que es Patrimonio de la Humanidad. Allí vamos a visitar el Teide, un volcán que mide 3718 metros y es el pico más alto de España y vamos a montar en camello.

También en el norte está el Loro Parque (en el Puerto de la Cruz) un zoológico con delfines, pingüinos, loros y muchos animales más.

La capital de Tenerife es Santa Cruz de Tenerife, una ciudad famosa por su carnaval.

Tenerife
Islas Canarias
GUÍA TURÍSTICA

DELFINARIO

ISLAS CANARIAS
TENERIFE

2 Ahora, contesta las preguntas.

A1 DELE

1 ¿Dónde va Inés de vacaciones?
2 ¿Dónde viven sus abuelos? Indica dónde está en el mapa.
3 ¿Dónde está Tenerife?
4 ¿Qué es Santa Cruz de Tenerife?
5 ¿Qué es el Teide?

¡VAS CON INÉS A TENERIFE!

PLAZA DE ESPAÑA

3 Observa este folleto sobre Tenerife y prepara un plan de vacaciones de tres días con tu compañero.

tomar el sol | ver plantas gigantes | conocer los planetas | pasear | montar en camello

Tenerife
Islas Canarias

JARDÍN BOTÁNICO

DRAGO MILENARIO

PARQUE ACUÁTICO

PARQUE NACIONAL DEL TEIDE

PLAYA

SURF

PROYECTO cultural

Un amigo español te visita en vacaciones. Haz un cartel y habla de tus planes.

◆ Dibuja el mapa de tu país/región.
◆ Indica cuatro lugares interesantes que vais a visitar y añade fotos o ilustraciones.
◆ Escribe las actividades que vais a hacer.
◆ Presenta tu plan en clase.

A1 DELE

Resumen de gramática

Los pronombres personales (pág. 13)

	singular	plural
1.ª persona	yo	nosotros/as
2.ª persona	tú	vosotros/as
3.ª persona masculino y femenino. Informal	él/ella	ellos/ellas
3.ª persona masculino o femenino. Formal	usted	ustedes

Esta forma se utiliza para referirnos a la persona tú o vosotros, pero formalmente.

▶ En español, el pronombre personal no es necesario, pero sí se usa en estos casos:
  ◆ Para preguntar: *Me llamo Pilar, ¿y tú?*
  ◆ Después de *y*: *Raquel y yo somos hermanas.*

▶ Usas *tú* + verbo en 2.ª persona del singular para hablar con un amigo, un compañero de clase, o una persona de tu familia:
  David, ¿tienes un lápiz?; Hola, mamá, ¿qué haces?

▶ Usas *usted/ustedes* + verbo en 3.ª persona del singular/plural para hablar con adultos que no son de tu familia:
  ¿Usted es entrenador?; ¿Ustedes son los profesores del instituto?

▶ En Hispanoamérica no se dice *vosotros/as*, se dice *ustedes*.

El verbo *ser* (pág. 13)

ser
soy
eres
es
somos
sois
son

Ser **se usa para:**

▶ Presentarse: *Soy Carlos.*
▶ Hablar de la nacionalidad: *¿Eres italiano?*
▶ Decir la profesión: *Soy entrenador.*
▶ Describir personas: *Son altos y rubios.*
▶ Indicar posesión: *Es mi ordenador.*
▶ Decir el día de la semana: *Es lunes.*
▶ Decir la fecha: *Hoy es 5 de octubre.*
▶ Preguntar y decir la hora:
  ¿Qué hora es? Son las 15:00.

Los verbos *llamarse, tener y vivir* (pág. 13)

llamarse	tener	vivir
me llamo	tengo	vivo
te llamas	tienes	vives
se llama	tiene	vive
nos llamamos	tenemos	vivimos
os llamáis	tenéis	vivís
se llaman	tienen	viven

Tener **se usa para:**

▶ Hablar de la edad: *Tengo 13 años.*
▶ Hablar de la posesión: *Ella tiene una mochila roja.*

Los interrogativos (pág. 15)

¿Quién? ¿Quiénes?	Se usan para preguntar por personas: *¿Quién es él? ¿Quiénes sois vosotros?*
¿Cuál? ¿Cuáles?	Se usan para preguntar por algo específico: *¿Cuál es tu color favorito? ¿Cuáles son tus apellidos?*
¿De dónde?	Se usa para preguntar por el origen o la nacionalidad: *¿De dónde eres?*
¿Dónde?	Se usa para preguntar por el lugar de estudio o por la dirección: *¿Dónde estudias? ¿Dónde vives?*
¿Cuántos?	Se usa para preguntar por los años: *¿Cuántos años tienes?*
¿Qué?	Se usa para saludar y para preguntar por cosas: *¿Qué tal? ¿Qué es?*

La nacionalidad: género y número (pág. 27)

adjetivos de nacionalidad			
singular		plural	
masculino	femenino	masculino	femenino
consonante: *español*	+a: *española*	-es: *españoles*	-as: *españolas*
-o: *italiano*	-a: *italiana*	-os: *italianos*	-as: *italianas*
-e: *canadiense*		+s: *canadienses*	
-a: *belga*		+s: *belgas*	
-í: *marroquí*		+es: *marroquíes*	

El artículo determinado e indeterminado (pág. 29)

	masculino		femenino	
	determinado	indeterminado	determinado	indeterminado
singular	el	un	la	una
plural	los	unos	las	unas

El **artículo determinado** (el, la, los, las) se usa para hablar de algo o alguien que se conoce.
▶ Delante de nombres: *El profesor de Matemáticas está en la clase.*
▶ Con las horas y los días de la semana: *Son las 15:00. El viernes no tenemos clase por la tarde.*
▶ Con el verbo *estar*: *Allí está el instituto.*

El **artículo indeterminado** (un, una, unos, unas) se usa para hablar por primera vez de algo o alguien que no se conoce: *Tengo una guitarra nueva.*
▶ Con *hay*: *Hay un estudiante nuevo en clase.*

El nombre: género y número (págs. 29 y 43)

masculino	femenino	masculino	femenino
singular		plural	
-o: *amigo*	-a: *amiga*	+s: *amigos/as*	
consonante: *entrenador*	+a: *entrenadora*	+es: *entrenadores*	+s: *entrenadoras*
-ión: *habitación*		-iones: *habitaciones*	
-e: *estudiante*		+s: *estudiantes*	
-z: *lápiz*		-ces: *lápices*	

Son masculinos
▶ Muchos nombres que terminan en -o: *el colegio, el bolígrafo.*
▶ Los nombres de personas o animales de sexo masculino: *el padre, el gato.*
▶ Los números: *el uno, el dos...*
▶ Los días de la semana: *el lunes, el martes...*

Son femeninos
▶ Muchos nombres que terminan en -a: *la biblioteca, la mochila.*
▶ Los nombres de personas o animales de sexo femenino: *la madre, la gata.*
▶ Los nombres terminados en -ad: *la ciudad.*
▶ Los nombres terminados en -ción: *la canción, la habitación.*
▶ Los nombres de las letras: *la be, la ce...*

Resumen de gramática

El presente: verbos regulares
(pág. 41)

hablar	leer	escribir
hablo	leo	escribo
hablas	lees	escribes
habla	lee	escribe
hablamos	leemos	escribimos
habláis	leéis	escribís
hablan	leen	escriben

En español hay tres conjugaciones: -ar, -er, -ir.

El presente se usa para:

▸ Hablar de acciones habituales:
Los domingos como en casa de mis abuelos.

▸ Describir: *María es simpática. La ciudad es grande.*

Los verbos *ver, hacer y estar*
(págs. 41 y 43)

ver	hacer	estar
veo	hago	estoy
ves	haces	estás
ve	hace	está
vemos	hacemos	estamos
veis	hacéis	estáis
ven	hacen	están

El verbo *estar* se usa para:

▸ Situar algo en el espacio:
El instituto está cerca de mi casa.
María está aquí.

Expresiones de lugar (pág. 42)

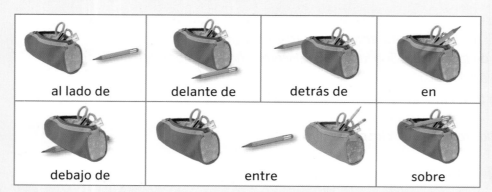

al lado de | delante de | detrás de | en

debajo de | entre | sobre

Los verbos reflexivos: *levantarse, ducharse*
(pág. 55)

SUJETO	pronombre reflexivo	levantarse	acostarse o → ue	vestirse e → i
yo	me	levanto	acuesto	visto
tú	te	levantas	acuestas	vistes
Ud., él, ella	se	levanta	acuesta	viste
nosotros/as	nos	levantamos	acostamos	vestimos
vosotros/as	os	levantáis	acostáis	vestís
Uds., ellos/as	se	levantan	acuestan	visten

▸ Los pronombres (me, te, se, nos, os, se) van delante del verbo: *Me levanto a las 7:30.*

▸ Las formas *nosotros/as* y *vosotros/as* son regulares.

El verbo *ir*
(pág. 55)

ir
voy
vas
va
vamos
vais
van

Ir + preposición

▸ +a, indica dirección: *Voy a casa de Alberto.*

▸ +en, indica transporte: *Voy al instituto en bicicleta.*